ROSA LUXEMBURG
(1871–1919)

JÜDISCHE MINIATUREN
Herausgegeben von Hermann Simon

Band 272 ROSA LUXEMBURG

Alle „Jüdische Miniaturen" sind auch im Abonnement
beim Verlag erhältlich.

Die Deutsche Nationalbibliothek verzeichnet diese Publikation
in der Deutschen Nationalbibliografie; detaillierte Daten sind im
Internet über https://portal.dnb.de/ abrufbar.


Inh. Dr. Nora Pester
Haus des Buches, Gerichtsweg 28
04103 Leipzig
info@hentrichhentrich.de
http://www.hentrichhentrich.de

Lektorat: Federico J. Antonelli
Gestaltung: Michaela Weber
Druck: Winterwork, Borsdorf

1. Auflage 2021

Printed in Germany
ISBN 978-3-95565-453-5

FRANK JACOB

# ROSA LUXEMBURG

## EIN LEBEN FÜR DIE REVOLUTION

HENTRICH & HENTRICH

CENTRUM JUDAICUM

## Inhalt

„Rosa Luxemburg reicht weit hinaus über die Welt der Politik, über ihr Wirken als Kämpferin und Denkerin für die Arbeitsklasse, als Führerin in der 2. Internationale. Die moralische Kraft des Menschen Rosa Luxemburg fehlt heute in den Sozialistischen Parteien. Morgen ist sie unentbehrlich, um die kommende Generation zu mobilisieren zum Kampf für den Sozialismus."

Kostja Zetkin, 1969

## Einleitung: Zur Bedeutung Rosa Luxemburgs

Rosa Luxemburg hatte ein bewegtes Leben. Eine Tatsache, die schon ein Blick auf ihre vielen Decknamen belegt. Als Rosalia Lübeck war sie den deutschen Behörden gegen Ende des 19. Jahrhunderts bekannt. Den Namen trug sie durch eine Scheinehe (1898–1903) mit Gustav Lübeck, „dem Sohn eines Sozialdemokraten“, den sie geheiratet hatte, um durch „gordisch verknotete Familienverhältnisse [...] ihren Rechtsstatus zu stabilisieren“.[1] Unter dem Namen Anna Matschke reiste sie im Laufe der Russischen Revolution von 1905 nach Russisch-Polen, um an den revolutionären Ereignissen teilzunehmen, und wurde im März 1906 verhaftet. Nachdem sie aus der Haft entlassen worden war, gelang es ihr, nach Kuokkala im Großherzogtum Finnland zu entkommen, wo sie als Felicia Budilowitsch lebte und andere Revolutionäre treffen konnte, um sich mit ihnen auszutauschen. Und schließlich veröffentlichte Rosa Luxemburg unter dem Pseudonym Junius 1916 eine ihrer bekanntesten Schriften, „Die Krise der Sozialdemokratie“ [Die „Junius“-Broschüre].[2]

Man kann der „Grand Dame“ der deutschen Luxemburg-Forschung Annelies Laschitza (1934–2018) nur zustimmen, wenn sie konstatiert, dass die polnische Jüdin, die auch für die deutsche Geschichte des

„langen" 19. Jahrhunderts, namentlich die des Deutschen Kaiserreiches so bedeutend war, „zu den interessantesten Persönlichkeiten des 20. Jahrhunderts [gehört]."[3] Franz Mehring (1846–1919), ein Mitglied der SPD, später USPD und KPD, der Luxemburg gut kannte und oft eng mit ihr zusammengearbeitet hatte, erkannte in ihr „die brillanteste Nachfolgerin Marxens"[4], eine Einschätzung, die später auch von anderen Intellektuellen geteilt wurde.[5] Darüber hinaus war sie eine „charismatische Persönlichkeit"[6] und politischer als viele andere Menschen ihrer Zeit.[7] Ihr wohnte, wie der Luxemburg-Experte Jörn Schütrumpf treffend formuliert, zudem „ein funkelnder Geist, der stets den Widerspruch suchte",[8] inne, der sich in vielen Aktivitäten, sei es als Journalistin, Polemikerin oder Revolutionärin Bahn brach.[9] Dabei war Luxemburg „weder vor allem Theoretiker wie Marx noch Parteiführer wie Bebel oder Lenin. Ihr Wirkungsfeld war vor allem journalistisch und als Rednerin"[10], wobei ihr das Spagat zwischen Theorie und Praxis besonders in der letztgenannten Rolle, also als Revolutionärin, gelang.[11]

Gleichzeitig sind „die Widersprüche, die Luxemburg umgeben [...,] extrem"[12] und die polnische Jüdin und Sozialistin „zog schon früh Emotionen der unterschiedlichsten Art auf sich, [denn] gleichgültig ließ sie kaum jemanden".[13] Ihr Äußeres zog dabei oft

Spott auf sich, denn, so Schütrumpf: „Die Natur hatte Rosa Luxemburg nicht gerade verwöhnt: Ein Meter und fünfzig Körpergröße, ein überproportional großer Kopf, eine lange Nase und ein Hüftschaden, den sie meistens aber zu überspielen verstand, boten schlichteren Gemütern, an denen es auch in der Sozialdemokratie nie mangelte, die Möglichkeit, durch billigen Spott die eigene Unterlegenheit zu kompensieren. Rosa Luxemburg, die unter all dem zweifellos litt, schützte sich, so gut es eben ging, mit Selbstironie."[14] Gleichzeitig ließ sich die starke Frau von derlei Problemen nicht hemmen, sondern strebte nach historischer Größe und Sinnhaftigkeit, so dass ihr „gesamtes Leben als Theoretikerin, Politikerin, als Jüdin, Behinderte und als Frau durch eine permanente Sinnsuche gekennzeichnet [war]. Immer sorgt[e] sie sich darum, ihr Leben nicht nur politisch nützlich, sondern es auch ästhetisch zu gestalten".[15] Beinahe getrieben wurde Luxemburg dabei von „einer unstillbaren Gier nach Leben"[16], wobei letzteres „[i]mmer [...] ein bejahenswertes, politisch sinnvolles und sinnlich-schönes Leben"[17] sein sollte.
Deshalb überrascht es auch nicht, mit welcher Energie diese starke Frau aktiv die Geschehnisse ihrer Zeit kommentierte, ja diese mitgestaltete: „Sie sprühte vor Ideen, war außergewöhnlich gebildet, vielseitig talentiert und – ehrgeizig. Das ermöglichte es ihr, sich als

emanzipierte Frau zu behaupten, ohne an Situationen der Ohnmacht und persönlichen Niederlagen zu zerbrechen."[18] Mit Blick auf ihre menschliche Seite war Luxemburg allerdings gleichfalls wichtig, eben diese nicht zu negieren, selbst wenn sie oft versuchte, ihr Privatleben geheim zu halten. In einem Brief an Sophie Liebknecht schrieb sie im Januar 1917: „Nichts Menschliches und auch nichts Weibliches ist mir fremd und gleichgültig."[19] Das heißt nicht, dass es nicht auch Phasen ihres Lebens gab, in denen Luxemburg sich nicht lieber zurückgezogen hätte und von melancholischen Stimmungen geplagt wurde.[20]

Rosa Luxemburg war darüber hinaus Marxistin, denn, dass „ihre Begriffe durch Marx mitgeprägt waren, ist nicht zu leugnen."[21] Ihr Handeln bestimmte hingegen, in kritischer Auseinandersetzung und Weiterentwicklung der Schriften von Karl Marx und Friedrich Engels, oft die Hoffnung auf die proletarische Weltrevolution, mit der sie sich immer wieder kritisch auseinandersetzte. Luxemburg hatte zeit ihres Lebens, ganz im Engels'schen Sinne einer „operativen Intellektuellen"[22], immer wieder besonders aktuelle Themen abgehandelt und ihre „Ansichten zu Reform und Revolution, Demokratie und Diktatur, zu nationaler Selbstbestimmung und Internationalismus sowie zu Kapitalismus und Sozialismus"[23] zu Papier gebracht. So wurde sie nicht nur zu einem der führenden

Köpfe des linken Flügels der Sozialdemokratie[24], sondern ebenfalls mehrfach verhaftet[25] sowie aus dem eigenen politischen Lager angefeindet. Erinnert wurde Luxemburg aber vor allem aufgrund zweier Aspekte: zum einen wegen ihres gewaltsamen Todes, ihrer Ermordung am 15. Januar 1919, die aus ihr eine Märtyrerin der sozialistischen Arbeiterbewegung werden ließ, sowie zum anderen wegen des theoretischen Konflikts mit Lenin, der ihr politisches Erbe nach ihrem Tod überschatten und zu einer stalinistischen Perversion ihrer Ideen, die später abwertend als „Luxemburgismus" bezeichnet wurden, führen sollte.[26]
Ihre Schriften sind dessen ungeachtet auch heute noch „aktuell und augenöffnend"[27] und das im Folgenden dargestellte „Leben und Denken, Werk und Wirken von Rosa Luxemburg sind", so der Philosoph Volker Caysa (1957–2017), „unter systematischen Gesichtspunkten dreifach modern: *erstens* in Hinsicht auf die Globalisierungstheorie, die in ihrer Akkumulationstheorie enthalten ist, und ihre damit verbundene Nationalismuskritik; *zweitens* in Hinsicht auf ihre Öffentlichkeitstheorie, mit der für sie untrennbar die Lösung des Problems der Organisation der Massen und der Partei verbunden ist, und *drittens* in Bezug auf Probleme der individuellen Lebensführung."[28]
Gerade weil Rosa Luxemburg, dort „wo sie fortwirkt, für das, was ihr am liebsten war – Bewegung

[– sorgt]"[29], gilt sie vielen heute als Hoffnungsträgerin einer Idee des demokratischen Sozialismus. Wenn wir uns nun der Geschichte dieser bedeutenden Revolutionärin nähern, so tun wir das allerdings ebenfalls in dem Wissen, dass sie „eine Tochter ihrer Zeit war"[30] und das eine Analyse ihres Wirkens nur vor dem Hintergrund ihres Lebens erfolgen sollte, also in der Zeit revolutionärer Umbrüche am Beginn des Hobsbawm'schen „Zeitalters der Extreme."[31]

## Anfänge in Polen und Zürich

Rosa Luxemburg wurde am 5. März 1871 im polnischen Zamość – ca. 240 Kilometer südöstlich von Warschau –, welches zu dieser Zeit zum Russischen Zarenreich gehörte, geboren.[32] Ihr Elternhaus „gehört[e] dem emanzipierten, gehoben-kleinbürgerlichen Judentum an“[33], wobei ihr Großvater Adam mit Geschäften mit dem russischen Heer sein Geld verdiente, sich im Zuge des Januaraufstandes 1863/64 aber verspekuliert hatte und das Land verlassen musste. Der Vater Luxemburgs, Edward, wird in der Literatur in der Regel als Holzhändler bezeichnet, die Geburtsurkunde der ältesten Tochter Anna (*1854) nennt als Beruf jedoch „Spekulant“, eine Bezeichnung für „jemand[en,] der riskante aber gewinnversprechende Handelsgeschäfte betreibt.“[34] Er dürfte also die Geschäfte seines Vaters als Lieferant für Heeresbedarf fortgeführt haben, welches er später, nach dem Tode Adams 1872, zusammen mit seinen Brüdern in Warschau übernommen hatte. Es ist unklar wann genau die siebenköpfige Familie, also Edward, die Mutter Lina Luxemburg, geb. Löwenstein, sowie die fünf Kinder – Anna, Mikołaj (*1855), Maxymilian (*1860/61), Józef (*1865/66) und Rosa (*1871) – nach Warschau umzog, aber es dürfte kurz nach dem Tod des Großvaters 1872/73 gewesen sein. Darüber hinaus ist nicht bekannt, wo genau die Luxemburgs zunächst wohnten, später residierten sie in der Złota 16. Zusammen mit seinen beiden Brüdern versuchte Edward, die Spekulationsgeschäfte der Familie fortzusetzen und die drei Männer, so Krzysztof Pilawski und Holger Politt, „trotzten … den Fährnissen wahrer kapitalistischer Pionierzeit in der pulsierenden Metropole Warschau. Sie durchbrachen den Fluch des wirtschaftlichen Scheiterns, weswegen der Vater wenige Jahre zuvor noch außer Landes gehen musste, und nutzten auf ihre Weise die Möglichkeiten, die Polens voranschreitende Verschmelzung mit dem schier grenzenlosen russischen Markt zu bieten schien."[35] Sonderlich reich scheint Edward dabei allerdings nicht geworden zu sein, schrieb Rosa Luxemburg 1899 doch an ihren Partner Leo Jogiches: „Mein armer Vater ist leider kein Bankier, um nach Belieben Ferien zu machen, er ist völlig von seinen armseligen Groschengeschäften abhängig."[36] Trotzdem hatte die Familie ein Auskommen und Rosa Luxemburg konnte sich zunächst ihrer schulischen Ausbildung widmen, auch wenn sie, beim Blick auf die Dächer Warschaus von einem anderen Leben träumte, wie sie in einem späteren Brief an Luise Kautsky zugab,: „Damals glaubte ich fest, dass das ‚Leben', das ‚richtige' Leben, irgendwo weit ist, dort über die Dächer hinweg. Seitdem reise ich ihm nach.

Aber es versteckt sich immer hinter irgendwelchen Dächern."[37]

Wie viele andere Jüdinnen und Juden ihrer Generation kam Rosa Luxemburg im „revolutionären Jiddischland"[38], also dem Zarenreich des späten 19. Jahrhunderts, mit den Schriften Karl Marx' und anderen sozialistischen Ideen in Berührung. Sympathien damit und dem Wunsch nach einer Weltrevolution, die in einer klassenlosen Gesellschaft enden würde, ergaben sich nicht zuletzt aufgrund erfahrener antisemitischer Ausgrenzung. Ab Mitte Juni 1880 besuchte Luxemburg das Zweite Mädchengymnasium in Warschau; sie war eine fleißige und überdurchschnittlich begabte Schülerin, die sich jedoch schon bald auch politisch betätigte.

Im Alter von 16 Jahren schloss sie sich einem sozialistischen Zirkel, später der marxistischen Gruppe „Proletariat" an, und betrieb infolgedessen Agitation für den Sozialismus und gegen die Zarenherrschaft. Koordiniert wurden die Aktionen, u. a. die Beschaffung marxistischer Schriften im Ausland, deren Schmuggel nach Polen sowie deren anschließende Übersetzung und Verbreitung, von Marcin Kasprzak (1860–1905). Er half Luxemburg, nachdem diese im gleichen Jahr erfolgreich ihr Abitur abgeschlossen hatte, im Dezember 1888 in die Schweiz zu fliehen, da ihre Mitgliedschaft in der Warschauer

Gruppe „Proletariat“ von der zaristischen Polizei entdeckt worden war.
In Russisch-Polen bereits mit den Schriften Marx' in Berührung gekommen, sollte Luxemburg erst in Zürich zu einer Marxistin werden, die zwar „anfangs nicht ganz frei von orthodoxen Zügen [war,] [t]rotzdem [aber] [...] nie Gefahr [lief], im Elfenbeinturm zu enden.“[39] Dort schrieb sie sich denn auch an der Philosophischen Fakultät der Universität Zürich ein, um schließlich Nationalökonomie und öffentliches Recht zu studieren. Bei Prof. Dr. Julius Wolf, der zwar „alles andere als ein Marxist [war]“ promovierte sie im Mai 1897 schließlich mit einer Arbeit über „Die industrielle Entwicklung Polens“[40], und Wolf, der „die junge Frau [...] hochbegabt [fand,] [...] befürwortet[e] den Abschluss ‚magna cum laude'.“[41]
In dieser Zeit nahm Luxemburg nur noch wenig von ihrer Familie und deren Leben wahr, zumal sie sich auch wieder politisch engagierte und in Leo Jogiches (1867–1919) nicht nur einen Mitstreiter für die Organisation der polnischen Sozialdemokratie, sondern gleichfalls in jeder Hinsicht einen Partner hatte. Dieser Revolutionär aus dem litauischen Wilna übte in den kommenden Jahren keinen unwesentlichen Einfluss auf Luxemburg aus, wobei er gleichfalls sehr von ihren Sprachkenntnissen, ihren rhetorischen Fähigkeiten sowie ihrem ausdrucksstarken

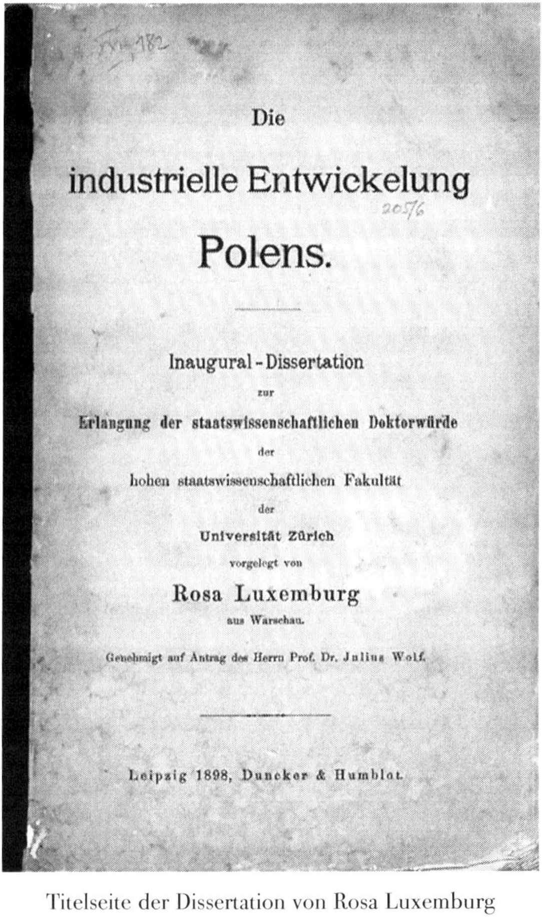
Die

industrielle Entwickelung

Polens.

Inaugural-Dissertation

zur

Erlangung der staatswissenschaftlichen Doktorwürde

der

hohen staatswissenschaftlichen Fakultät

der

Universität Zürich

vorgelegt von

Rosa Luxemburg

aus Warschau.

Genehmigt auf Antrag des Herrn Prof. Dr. Julius Wolf.

Leipzig 1898, Duncker & Humblot.

Titelseite der Dissertation von Rosa Luxemburg

Schreibstil profitierte. Selbst wenn die Liebe die Zeit nicht zu überdauern vermochte, blieben beide jedoch über Jahre hinweg, vor allem in der weiteren Parteiarbeit verbunden. Zusammen hatten die beiden mit Julian Marchlewski (1866–1925) 1893 die Sozialdemokratie des Königreichs Polen (SDKP), deren Name 1900 zu Sozialdemokratie des Königreichs Polen und Litauens (SDKPiL) geändert wurde, gegründet. Im Gegensatz zur Polnischen Sozialistischen Partei (PPS), die beanspruchte, auch die nationalen Interessen Polens zu vertreten, hatte Luxemburg als führende Theoretikerin der SDKPiL Solidarität mit der Arbeiterschaft Russlands gefordert, um den Zarismus gemeinsam und für eine freie und bessere Zukunft im Sinne des Sozialismus zu überwinden. Luxemburg versuchte also, Polen im Sinne einer internationalen proletarischen Kooperation und nicht in einer nationalistischen Erhebung gegen Russland zu befreien.[42]

1898 konnte Luxemburg schließlich durch eine Scheinehe mit Gustav Lübeck, dem Sohn des Sozialdemokraten Carl Lübeck, für den sie zuvor als Sekretärin gearbeitet hatte, nach Deutschland ziehen und wohnte ab Mai 1898 in Berlin. Ihr Vater hätte es gerne gesehen, wenn sie stattdessen Jogiches geheiratet hätte, denn dieser schien Edward Luxemburg eine gute Partie für seine Tochter zu sein. Stattdessen widmete sich Luxemburg schon im Juni 1898 der politischen Agitation für die SPD, für die sie in Schlesien auf Wahlkampftour ging. Ein Kuraufenthalt mit dem Vater in Oberschlesien und ihre tägliche Routine mit Blick auf die Versorgung des Vaters, die sie Jogiches in einem Brief schildert, bereiteten ihr im Gegensatz zur politischen Aktion keinerlei Freude, sondern im Gegenteil nur Stress: „Wenn Du wüsstest, wie erschöpft ich bin! Papa beschäftigt mich den ganzen Tag mit seiner Person, jede Stunde will er mal etwas essen, dann etwas trinken, dabei weiß er selbst nie genau, was er will. Er steht schon um 6.00 auf, spazieren gehen können wir nicht, denn Papa kann kaum gehen, dabei muss ich außer dem Mittagessen den ganzen Tag alles allein kochen, so etwas wie eine Pension kennt man hier nicht (in ganz Schlesien), im Übrigen gibt es eine Pension, die jede Stunde etwas servieren würde, auf der ganzen Welt nicht. Es ist wenig Geld da, und alles ist teuer; kurz, nach allen Seiten hin eine Qual."[43] Ein einfaches Leben lag Luxemburg nicht mehr. Sie wollte die Welt verändern, sie strebte nach Revolution, selbst wenn die deutsche Sozialdemokratie diesen Wunsch nicht zu teilen schien.

Rosa Luxemburg, ca. 1895–1900

## Der Streit um den Kurs der Sozialdemokratie

Mit Blick auf die Frage nach der Revolution der Zukunft ergaben sich Konflikte innerhalb der deutschen und internationalen Sozialdemokratie, an denen Luxemburg maßgeblich beteiligt war. Sie selbst war, um hier den Philosophen Helmut Seidel zu zitieren, „eine eigenständige Denkerin, die die Marxsche Lehre im oben genannten positiv-kritischen Sinne rezipierte, propagierte, verteidigte und vor allem im politischen Kampf anwendete“[44]. Das bedeutet nicht, dass sie eine unkritische Marxistin war. Vielmehr, und das betonte Luxemburg 1903 in ihrem Text über „Stillstand und Fortschritt im Marxismus“, glaubte sie daran, dass Marx mit seinen Gedanken den Grundstein für den Weg hin zum Sozialismus bereitgestellt hatte: „[W]as das Wertvollste seiner Lehre betrifft: die materialistisch-dialektische Geschichtsauffassung, so stellt sie nur eine Forschungsmethode dar, ein paar leitende geniale Gedanken, die den Ausblick in eine ganz neue Welt gestatten, die unendliche Perspektiven der selbständigen Betätigung eröffnen, die den Geist zu kühnsten Ausflügen in unerforschte Gebiete beflügeln.“[45] Luxemburg war zeit ihres Lebens von einem „lebendige[n] revolutionäre[n] Geist des Marxismus“ durchdrungen, aufgrund dessen sie sich immer wieder in Diskurse über die Revolutionstheorie einmischte und das Wort ergriff, wenn sie der Meinung war, dass der Weg zum finalen revolutionären Prozess, der die Menschheit vom Kapitalismus befreien und in den demokratischen Sozialismus führen sollte, verlassen würde.

Als Eduard Bernstein (1850–1932) Ende der 1890er Jahre Artikel in der sozialdemokratischen *Neuen Zeit* unter dem Titel „Probleme des Sozialismus" und später in erweiterter Form unter dem Titel „Die Voraussetzungen des Sozialismus und die Aufgaben der Sozialdemokratie" (1899) veröffentlicht hatte, in denen er eine Abkehr der Sozialdemokratie von einer revolutionären Strategie forderte, war es Luxemburg, die dieser Forderung mit ihrer Schrift *Sozialreform oder Revolution?* (1899) entgegentrat.[46] Bernstein argumentierte im Sinne einer Abkehr von der revolutionären Ausrichtung der Sozialdemokratie wie folgt: „Im Allgemeinen kann man […] sagen, dass der revolutionäre Weg (immer im Sinne von Revolutionsgewalt) schnellere Arbeit leistet, soweit er sich um das Hinwegräumen von Hindernissen handelt, die eine privilegierte Minderheit dem sozialen Fortschritt in den Weg stellt; daß seine Stärke auf der negativen Seite liegt. Die verfassungsmäßige Gesetzgebung arbeitet in dieser Hinsicht in der Regel langsamer. Ihr Weg ist gewöhnlich der des Kompromisses, nicht der Abschaffung, sondern der Abfindung erworbener

Rechte. Aber sie ist da stärker als die Revolution, wo das Vorurteil, der beschränkte Horizont der großen Masse dem sozialen Fortschritt hindernd in den Weg tritt, und sie bietet da die größeren Vorzüge, wo es sich um die Schaffung dauernd lebensfähiger ökonomischer Einrichtungen handelt, mit anderen Worten für die positive sozialpolitische Arbeit. In der Gesetzgebung dominiert in ruhigen Zeiten der Intellekt das Gefühl, in der Revolution das Gefühl den Intellekt. Wenn aber das Gefühl oft ein mangelhafter Dirigent ist, so der Intellekt ein schwerfälliger Motor. Wo die Revolution durch Übereilung, sündigt die alltägliche Gesetzgebung durch Verschleppung. Die Gesetzgebung wirkt als planmäßige, die Revolution als elementarische Gewalt. Sobald eine Nation einen politischen Zustand erreicht hat, wo das Recht der besitzenden Minderheit aufgehört hat, ein ernsthaftes Hindernis für den sozialen Fortschritt zu bilden, wo die negativen Aufgaben der politischen Aktion zurücktreten hinter den positiven, da wird die Berufung auf die gewaltsame Revolution zur inhaltlosen Phrase. Man kann eine Regierung, eine privilegierte Minderheit stürzen, aber nicht ein Volk."[47]

Diese Ansichten konnte Luxemburg nicht akzeptieren und erwiderte mit ihrer Schrift „Sozialreform oder Revolution?", einem „brillante[n] Essay, d[em] Werk einer damals fast noch unbekannten Frau". Dieser „ist eine einzigartige Synthese aus revolutionärer Begeisterung und logischer Rationalität; reich an ironischen Funken und Gedankenblitzen, ist er noch mehr als ein Jahrhundert später von erstaunlicher Aktualität"[48] und bis heute eine der wichtigsten Schriften der polnischen Revolutionärin.

Darin greift die bis dahin vielen noch unbekannte Luxemburg die Bernstein'sche Position direkt und ohne jegliche Euphemismen an: „Die revisionistische Theorie im ganzen genommen läßt sich also folgendermaßen charakterisieren: es ist dies eine Theorie der sozialistischen Versumpfung, vulgärökonomisch begründet durch eine Theorie der kapitalistischen Versumpfung."[49] Luxemburg weist zudem darauf hin, dass „die jeweilige gesetzliche Verfassung bloß ein Produkt der Revolution [ist]. Während die Revolution der politische Schöpfungsakt der Klassengeschichte ist, ist die Gesetzgebung das politische Fortvegetieren der Gesellschaft. Die gesetzliche Reformarbeit hat eben in sich keine eigene, von der Revolution unabhängige Triebkraft, sie bewegt sich in jeder Geschichtsperiode nur auf der Linie und solange, als in ihr der ihr durch die letzte Umwälzung gegebene Fußtritt nachwirkt, oder, konkret gesprochen, nur im Rahmen der durch die letzte Umwälzung in die Welt gesetzten Gesellschaftsform. [...] Es ist [von Bernstein daher] grundfalsch und ganz ungeschichtlich, sich die gesetzliche Reformarbeit bloß als die ins Breite gezogene Revolution und die Revolution als die zusammengedrängte Reform vorzustellen. Eine soziale Umwälzung und eine gesetzliche Reform sind nicht durch die Zeitdauer, sondern durch das Wesen verschiedene Momente. Das ganze Geheimnis der geschichtlichen Umwälzungen durch den Gebrauch der politischen Macht liegt ja gerade in dem Umschlage der bloßen quantitativen Veränderungen in eine neue Qualität, konkret gesprochen in dem Übergange einer Geschichtsperiode, einer Gesellschaftsordnung in eine andere."[50] Für Luxemburg war dahingehend eindeutig, dass die Entscheidung zum reformerischen Kurs im Sinne Bernsteins, also das Ende des revolutionären Kurses der Sozialdemokratie, nicht nur eine Abkehr von Marx, sondern gleichfalls eine Niederlage durch Kapitulation im Klassenkampf bedeute. Sie rief deshalb aktiv und leidenschaftlich zur Revolution auf: „Wer sich daher für den gesetzlichen Reformweg anstatt und im Gegensatz zur Eroberung der politischen Macht und zur Umwälzung der Gesellschaft ausspricht, wählt tatsächlich nicht einen ruhigeren, sicheren, langsameren Weg zum gleichen Ziel, sondern auch ein anderes Ziel, nämlich statt der Herbeiführung einer neuen Gesellschaftsordnung bloß unwesentliche Veränderungen in der alten."[51] Eine solche Politik würde „im Grunde genommen nicht auf die

Verwirklichung der sozialistischen Ordnung, sondern bloß auf die Reformierung der kapitalistischen, nicht auf die Aufhebung des Lohnsystems, sondern auf das Mehr oder Weniger der Ausbeutung, mit einem Worte auf die Beseitigung der kapitalistischen Auswüchse und nicht des Kapitalismus selbst abzielen."[52]
Kurzum: Aus der Sozialdemokratischen Partei drohte bei Umsetzung der Bernstein'schen Forderung eine Erfüllungsgehilfin des kapitalistischen Systems zu werden. Rosa Luxemburg konnte für diese keinerlei Sympathien haben, denn aus ihrer Sicht folge „dem theoretischen Revisionismus, dem Abschied von der Marxschen Krisen- und Klassentheorie, [...] der politisch-praktische Opportunismus. Konsequentes Denken fordert kontinuierliche revolutionäre Praxis."[53]
Ihr Streit mit den revisionistischen Kräften der Partei machte Luxemburg in Deutschland bekannt und auch andere, wie etwa Karl Kautsky (1854–1938), unterstützten sie in ihrer Position, bis der Revisionismusstreit 1903 auf dem Parteitag der SPD in Dresden zu Gunsten der Bernstein-Gegnerinnen und -Gegner entschieden wurde.[54] Der Erfolg dürfte Luxemburgs weiteren Aufstieg innerhalb der deutschen Sozialdemokratie positiv beeinflusst haben, doch auch international war die Revolutionärin in theoretische Debatten involviert, bevor sich ihr 1905 erstmals die Gelegenheit bot, aktiv an einer Revolution mitzuwirken.

## Die Russische Revolution 1905/06

Luxemburg, die seit 1903 Mitglied des Internationalen Sozialistischen Büros der Internationale war, hatte sich seit der Trennung der russischen Sozialdemokratie in Menschewiki und Bolschewiki auf dem zweiten Parteitag der Sozialdemokratischen Arbeiterpartei Russlands in London desselben Jahres auch mit Organisationsfragen im Falle einer Revolution auseinandergesetzt.[55] Während Lenin dahingehend eine ultrazentralistische Ausrichtung unter Führung einer „möglichst kleine[n] Anzahl möglichst gleichartiger Gruppen erfahrener und erprobter Berufsrevolutionäre“[56] forderte, lehnte Luxemburg die Führung eines revolutionären Prozesses durch eine kleine Gruppe ab.[57] Diese Haltung würde sie auch 1917 äußern, hielt also unentwegt an dem Prinzip fest, dass Revolutionen auf Spontaneität beruhen, von den Massen getragen und mit dem Ziel eines demokratischen Sozialismus vorangetrieben werden müssten.[58] Luxemburg versuchte deshalb, „das Volk in die Widersprüche des Systems selbst zu verstricken“[59] und im Sinne einer „revolutionären Realpolitik“ durch Öffentlichkeitsarbeit für die Notwendigkeit der Revolution zu sensibilisieren.[60] Aufgrund ihrer Erfahrungen im Zuge der Russischen Revolution 1905/06 im polnischen Teil des Zarenreiches sollte Luxemburg diese Ansichten noch präzisieren und den Massenstreik als wichtiges Element des revolutionären Klassenkampfes identifizieren bzw. fordern.[61]

Der Russisch-Japanische Krieg (1904/05) hatte die revolutionären Ereignisse in Russland befeuert, über die Luxemburg in den polnischen Publikationen der SDKPiL berichtete, wobei sie ihre Informationen zunächst von Jogiches oder polnischen Parteikollegen erhielt. Im Dezember 1904 hatte der Vorstand der Partei zudem einen Aufruf an die Arbeiterschaft des Zarenreiches publiziert, in dem die Niederwerfung des Zarenregimes und die Etablierung einer post-revolutionären demokratischen Ordnung gefordert wurde: „Arbeiter! Es ist der Augenblick gekommen, der für das arbeitende Volk von außergewöhnlicher Bedeutung ist. Seit langem drängen die bewußten Arbeiter in Polen und Rußland darauf, das Joch des Zarendespotismus abzuschütteln und solche politischen Freiheiten zu erringen, wie sie in der gesamten zivilisierten Welt bereits bestehen. Diese Freiheiten brauchen wir wie Brot und Luft, brauchen wir für den offenen Kampf gegen die Ausbeutung durch das Kapital, für die Verbesserung unseres elendigen Daseins, für die Erinnerung von Rechten zum Vorteil der Arbeiter, um alle Ausbeutung und Unterdrückung schneller zu beseitigen.“[62] Den Umkehrgrenzpunkt des revolutionären Prozesses[63] stellte der Petersburger Blutsonntag am 22. Januar 1905 dar, bei dem Arbeiter, die prozessionsartig unter der Führung des Priesters Gapon zum Winterpalast des Zaren gezogen waren, um politische Forderungen zu stellen – „1. Gleichheit vor dem Gesetz. 2. Unverletzlichkeit der Person. 3. Gewissens- und Glaubensfreiheit. 4. Sofortige Freilassung der gefangengehaltenen ‚politischen Verbrecher'. 5. Pressefreiheit. 6. Einberufung einer repräsentativen, durch das Volk gewählten Versammlung, die sofort den Krieg zu beenden hat"[64] –, aber von der Armee des Zaren gewaltsam auseinander getrieben worden waren. Durch die Anwendung von Gewalt gegen die eigene Bevölkerung „war das Tuch zwischen den russischen Arbeitermassen und der Zarenregierung endgültig zerschnitten, der Weg zur Arbeiterrevolution war frei."[65] Für Luxemburg war damit die „Revolution [...] durch den zarentreuen Teil der Arbeiter entfacht"[66] worden und es würde sich nun zeigen, was die Autokratie einer Massenrevolution, die sich in der Folge des Blutsonntages in einem Generalstreik manifestierte, entgegensetzen konnte. Die polnische Revolutionärin begab sich schließlich selbst Ende 1905 nach Warschau, um dort an den Ereignissen teilzunehmen und über diese zu berichten. Als deutsche Journalistin Anna Matschke traf sie vor Ort ein und schrieb wichtige Beiträge zu den Ereignissen, konnte ihre theoretischen Überlegungen nun also gewissermaßen einem Praxistest unterziehen. Anfang März wurden sie und Jogiches, der ebenfalls in Warschau war, allerdings verhaftet und Luxemburg wurde schließlich in die Zitadelle, das berüchtigte Gefängnis der Stadt gebracht.

Für eine Kaution von 3000 Rubel, die ihre Freunde gesammelt hatten und aufgrund der Drohung letzterer, russische Beamte zu ermorden, wenn Luxemburg etwas passierte, wurde sie schließlich aus der Haft entlassen und entkam ins finnische Kuokkala, von wo aus sie auch nach St. Petersburg reiste, um sich mit anderen Revolutionären, etwa Trotzki oder Alexander Parvus, auszutauschen.[67] Im September 1906 entkam sie schließlich nach Deutschland und sollte Warschau nie wiedersehen. Trotz der Niederlage der revolutionären Bewegung und des russischen Scheinkonstitutionalismus[68], wie er sich nach den Ereignissen von 1905 etabliert hatte, verlor Luxemburg ihre Zuversicht nicht.

Sie hatte während der Revolution beobachten können, wie gewaltsam die zaristische Herrschaft gegen die Revolutionäre in Polen, aber auch in anderen Teilen des Reiches vorgegangen war.[69] Die Gewalt, da war sich Luxemburg sicher, würde aber nur einen temporären Sieg der Gegenrevolution sichern: „Der Zar hat gewonnen, weil er den Kämpfern von Moskau einen Blutzoll abverlangte, der Zar hat verloren, denn aus jedem dieser Blutstropfen entsteht ein neuer Rächer des am Volk verübten Unrechts."[70] Jeder, der 1905 nach Russland blickte, konnte erkennen, dass eine neue Zeit, eine Zeit der revolutionären Massen angebrochen war: „Die ganze Menschheit bestaunte das zauberhafte Ereignis, das Wunder, mit angehaltenem Atem richteten sich die Blicke auf diesen unvorstellbaren Anblick, auf den nicht enden wollenden Marsch der Proletarier, auf diesem mächtigen Pilgerzug des arbeitenden Volkes, der mit dem schweren und langsamen Schritt der zu allem entschlossenen Massen hinzog, um in Gegenwart des Zaren, des Selbstherrschers, auszurufen: Freiheit oder Tod!"[71] Im Januar 1906 glaubte Luxemburg zwar noch an einen baldigen Sieg der Revolution über den zaristischen Absolutismus[72], musste aber bald einsehen, dass sich diese Hoffnung nicht erfüllen würde. Gleichzeitig gelangte sie erneut zu dem Schluss, dass eine Revolution nur dann erfolgreich sein könnte, wenn sie von den Massen getragen würde. Selbst wenn das bedeutete, dass die Ziele der sozialistischen Revolutionärinnen und Revolutionäre nicht zur Gänze erfüllt werden könnten: „Die Verwirklichung des Sozialismus durch eine Minderheit ist jedoch unbedingt ausgeschlossen, da bereits die Idee des Sozialismus die Herrschaft einer Minderheit ausschließt. Also wird das Proletariat nach seinem politischen Sieg über die Zarenherrschaft tags darauf die Macht an die Mehrheit verlieren. Konkret gesagt: Nach dem Sturz der Zarenherrschaft geht die Macht an den revolutionären Teil der Gesellschaft, an das Proletariat über, denn dieses Proletariat wird alle Posten einnehmen und solange auf dem Posten bleiben, bis es die Macht in die Hände der legal dazu Berufenen, also in die Hände der neuen Regierung legt, die nur durch die Konstituante, durch die von der ganzen Bevölkerung gewählten gesetzgebenden Körperschaft bestimmt werden kann. Aber angesichts der Tatsache, daß in der Gesellschaft nicht die Arbeiterklasse, nicht das Proletariat die Mehrheit ausmacht, sondern das Kleinbürgertum und die Bauern, wird es auch in der Konstituante zu keiner Mehrheit der Sozialdemokraten, sondern der bäuerlich-kleinbürgerlichen Demokraten kommen. Wir können das bedauerlich finden, wir können es aber nicht ändern."[73] Luxemburg wollte also nicht auf eine demokratische Legitimation der post-revolutionären Ordnung durch die Massen verzichten. Gerade deshalb aber konnte und sollte die Revolution von eben diesen, etwa durch Streiks, mitgetragen und im Sinne eines demokratischen Sozialismus mitgestaltet werden. 1916, also ein Jahrzehnt nach den Ereignissen, bewertete Luxemburg in ihrer „Junius"-Broschüre die gescheiterte Revolution wie folgt: „Die Revolution wurde niedergeschlagen. Aber gerade die Ursachen ihres vorläufigen Scheiterns sind, wenn man in sie etwas tiefer hineinblickt, lehrreich für die Stellung der deutschen Sozialdemokratie im heutigen Kriege [der Erste Weltkrieg]. Zwei Ursachen können uns die Niederlage der russischen Erhebung im Jahre 1905/1906 trotz ihres beispiellosen Aufwands an revolutionärer Kraft, Zielklarheit und Zähigkeit erklären. Die eine liegt im inneren Charakter der Revolution selbst: in ihrem enormen geschichtlichen Programm, in der Masse von ökonomischen und politischen Problemen, die sie wie vor einem Jahrhundert die große französische Revolution aufgerollt hat und von denen einige, wie die Agrarfrage, überhaupt im Rahmen der heutigen Gesellschaftsordnung nicht zu lösen sind; in der Schwierigkeit, eine moderne Staatsform für die Klassenherrschaft der Bourgeoisie gegen den konterrevolutionären Widerstand der gesamten Bourgeoisie des Reiches zu schaffen. Von hier aus gesehen, scheiterte die russische Revolution, weil sie eben eine proletarische Revolution mit bürgerlichen Aufgaben, oder wenn man will, eine bürgerliche Revolution mit proletarisch-sozialistischen Kampfmitteln, ein Zusammenstoß zweier Zeitalter unter Blitz und Donner war, eine Frucht sowohl der verspäteten Entwicklung der Klassenverhältnisse in Rußland wie deren Überreife in Westeuropa. Von hier aus gesehen, ist auch ihre Niederlage im Jahre 1906 nicht ihr Bankrott, sondern bloß ein natürlicher Abschluß des ersten Kapitels, dem weitere mit der Notwendigkeit eines Naturgesetzes folgen müssen."[74] Es galt also weiterhin, die nächste Revolution vorzubereiten. An diesem Ziel arbeitete Luxemburg nicht nur durch ihre Schriften, sondern auch als Lehrerin.

## Gegen Imperialismus und Nationalismus

Zwischen 1907 und 1914 arbeitete Luxemburg als Lehrerin an der Parteischule der SPD in Berlin. Dort unterrichtete sie Nationalökonomie und ihre Vorlesungen „zeugen [...] vom Bestreben, die Hinwendung der Sozialdemokratie zu dem theoretischen Erbe von Karl Marx zu fördern"[75]. In ihrem unvollendeten Manuskript, der „Einführung in die Nationalökonomie" heißt es beispielsweise: „Wenn es Aufgabe und Gegenstand der Nationalökonomie ist, die Gesetze der Entstehung, Entwicklung und Ausbreitung der kapitalistischen Produktionsweise zu erklären, so ist es eine unabweisbare Folge, daß sie in weiterer Konsequenz auch die Gesetze des Verfalls des Kapitalismus aufdecken muß, der ebenso wie die früheren Wirtschaftsformen nicht von ewiger Dauer, sondern nur eine vorübergehende Geschichtsphase, eine Staffel auf der unendlichen Leiter der gesellschaftlichen

Entwicklung ist. Die Lehre vom Aufkommen des Kapitalismus schlägt so logischerweise um in die Lehre vom Untergang des Kapitalismus, die Wissenschaft über die Produktionsweise des Kapitals in die wissenschaftliche Begründung des Sozialismus, das theoretische Herrschaftsmittel der Bourgeoisie in die Waffe des revolutionären Klassenkampfes für die Befreiung des Proletariats."[76] An dieser Befreiung wollte Luxemburg immer noch mitwirken und widmete sich neben ihren Unterrichtseinheiten eigenen Studien zur Akkumulation des Kapitals, die 1913 in ihrem gleichnamigen Hauptwerk erschienen.

Zuvor hatte Luxemburg auch in ihrem Privatleben durchaus schmerzhafte Veränderungen erfahren. Zwischen 1906 und 1909 war sie mit Kostja Zetkin, dem Sohn Clara Zetkins, liiert gewesen, was zu Auseinandersetzungen mit Jogiches geführt hatte, mit dem sie beruflich immer noch eng zusammenarbeitete, da dieser nicht akzeptieren wollte, dass sich Luxemburg auch privat neu orientiert hatte.[77] Mit letzterem fuhr Luxemburg 1907 als Delegierte der DSKPiL nach London, um am Parteitag der Sozialdemokratischen Arbeiterpartei Russlands teilzunehmen, kehrte aber alleine nach Deutschland zurück, wo sie wegen einer bereits zwei Jahre zurückliegenden „Hetzrede" zu einer Gefängnisstrafe verurteilt wurde. Zunächst erlebte sie eine „ernste Briefliebe"[78] mit Zetkin, von

Die Parteischule der SPD, 1907, Luxemburg stehend, Vierte von links

dem sie sich aber 1909 trennte: „Du hast mich durch Deine Liebe gezwungen, Dich zu lieben, und als Deine Liebe in nichts zerrann, da war es auch um meine geschehen. Mich schmerzte, daß ich Dich nicht früher von der Last befreite, mich schmerzt die Erinnerung an die bösen und gequälten Blicke eines gefangenen Vögelchens, aber ich wagte nie, das erlösende Wort zu sprechen, weil ich innerlich unser Verhältnis als eine heilige und ernste Sache hielt."[79]

Luxemburg um 1910

Luxemburg war schließlich aber nicht nur privat allein, denn auch in der SPD wurde der linke Flügel stetig kleiner und zusammen mit Franz Mehring bildete sie ein „Fähnlein der Aufrechten“[80], während nationalistisch-imperialistische Töne in den 1910er Jahren auch in der Partei an Raum gewannen. Für Luxemburg blieb der Klassenkampf hingegen „historische Notwendigkeit“[81] und sie war nicht gewillt, von ihren revolutionären Positionen abzuweichen. Der SPD-Vorstand hatte indessen 1909 beispielsweise eine Verbreitung von Kautskys „Der Weg zur Macht. Politische Betrachtungen über das Hineinwachsen in die Revolution“[82] unterbunden, denn, so Jörn Schütrumpf, „[d]ieser Vorstand war längst mehrheitlich mit Mitgliedern besetzt, die – wenn auch von außen nicht einsehbar – auf Positionen eines Hineinwachsens in den Sozialismus standen und jegliche Revolutionspropaganda zu verhindern trachteten.“[83] Die Mächtigen der Partei „wollte[n], solange sie noch stark genug war, statt weiter die eigene Gegengesellschaft auszubauen, versuchen, diese in die bürgerliche Gesellschaft hineinzuführen und so wenigstens eine Machtteilhabe anzustreben.“[84] Zwischen Kautsky und Luxemburg kam es ein Jahr später jedoch ebenfalls zu einem Bruch, da letztere durch ihre Forderungen eines „Massenstreik[s] gegen Kapitalismus, Imperialismus, Militarismus“[85] in Gegensatz zu ihrem langjährigen

Parteikollegen geraten war. In ihrem Artikel „Was weiter?", der am 14. März 1910 in der *Dortmunder Arbeiterzeitung* erschien, heißt es: „Ein politischer Massenstreik in Deutschland [...], ein deutscher Massenstreik würde die tiefgreifendste, weittragendste Wirkung auf die Internationale ausüben, er wäre eine Tatsache, die den Mut, den sozialistischen Glauben, die Zuversicht, die Opferfreudigkeit des Proletariats in allen Ländern unermeßlich steigern würde. Freilich können Erwägungen dieser Art nicht ein Grund für die deutsche Sozialdemokratie und die deutschen Gewerkschaften sein, sich für die Anwendung des Massenstreiks zu entschließen, wenn sich diese nicht aus der inneren Situation in Deutschland selbst ergibt. Aber bei der Berechnung des Gewinn- und Verlustkontos einer eventuellen Anwendung des Massenstreiks darf die angeführte Rücksicht sicher eine Erwähnung finden. Die deutsche Sozialdemokratie war bis jetzt für die Internationale das große Muster auf dem Gebiet des parlamentarischen Kampfes, der Organisation und der Parteidisziplin. Sie kann vielleicht bald ein glänzendes Beispiel geben, wie man alle diese Vorzüge mit einer entschlossenen und unerschrockenen Massenaktion zu verbinden versteht."[86] Genau daran hatte die Parteiführung allerdings kein Interesse und Luxemburg konnte ihren Positionen immer weniger Gehör verschaffen.

Clara Zetkin und Rosa Luxemburg um 1910

Dabei hatte Luxemburg wichtige Arbeiten veröffentlicht, die nicht nur die allgemeinen Zustände, sondern ebenso den pro-bürgerlichen Kurs der eigenen Partei mit Blick auf Imperialismus und Militarismus kritisierten.[87] Sie forderte darüber hinaus die Verbindung der Frauenfrage mit dem Klassenkampf, denn, so Luxemburg, „durch den Kampf um das Frauenwahlrecht wollen wir die Stunde beschleunigen, wo die heutige Gesellschaft unter den Hammerschlägen des revolutionären Proletariats in Trümmer stürzt“[88]. 1913 erschien schließlich *Die Akkumulation des Kapitals*, Luxemburgs „theoretisches Hauptwerk“[89]. Damit wollte sie den Imperialismus ökonomisch erklären, indem sie sich zunächst mit dem „Problem der ‚erweiterten Reproduktion‘ des ‚gesellschaftlichen Gesamtkapitals‘“ auseinandersetzte, um nach einer historischen Untersuchung desselben einen Lösungsvorschlag zu unterbreiten.[90] „Der moderne Imperialismus,“ so Dietmar Dath, „ist bei Luxemburg [...] Ergebnis einer Konstellation aus wachsender Kapitalkonzentration, dem absehbaren Ende der freien Konkurrenz, der Ausbeutung von Kolonien und veränderten finanzpolitischen Verwertungsbedingungen für das Kapital. Damit Profite realisierbar bleiben, ist das Kapital auf stetes Ansaugen nichtkapitalistischer Ressourcen angewiesen, sonst muss es kollabieren.“[91] Die Arbeit wurde u. a. von Otto Bauer (1881–1938) kritisiert, dem Luxemburg später mit einer Gegenkritik[92] antwortete und „Lenin beabsichtigte [1913], einen Artikel über Rosa Luxemburgs Buch unter der Überschrift ‚Eine mißglückte Ergänzung der Theorie von Marx durch Rosa Luxemburg‘ zu publizieren. Er wurde aber nicht fertig.“[93]

Im gleichen Jahr geriet Luxemburg wegen der Stellung der sozialdemokratischen Reichstagsfraktion zur Wehrvorlage der Regierung erneut mit der eigenen Partei in Konflikt und trat aufgrund der Weigerung der SPD, sich offen gegen die Wehrvorlage auszusprechen, zusammen mit Mehring und Marchlewski, aus der Redaktion der *Leipziger Volkszeitung* aus und gründete mit diesen die *Sozialdemokratische Korrespondenz*, aus der sich später der *Spartakusbrief* entwickelte. Sie wurde zudem im Februar 1914 wegen „Aufreizung zum öffentlichen Ungehorsam" im Zuge öffentlicher Versammlungen des Vorjahres in Frankfurt zu einer Haftstrafe verurteilt. Paul Levi, der Luxemburgs dritter Geliebter werden sollte, verteidigte sie während des Prozesses. Trotzdem wurde sie wegen ihres konsequenten Anti-Imperialismus und -militarismus zu einem Jahr Haft verurteilt. In ihrer Verteidigungsrede war Luxemburg wie immer direkt: „Was ich in jenen Frankfurter Versammlungen tat, und was wir Sozialdemokraten stets in Wort und Schrift tun, das ist: Aufklärung verbreiten, den arbeitenden Massen ihre Klasseninteressen und ihre geschichtlichen Aufgaben zum Bewusstsein bringen, sie auf die großen Linien der historischen Entwicklung, auf die Tendenzen der ökonomischen, politischen und sozialen Umwälzungen hinweisen, die sich im Schoße unserer heutigen Gesellschaft vollziehen, die mit eherner Notwendigkeit dazu führen, dass auf einer gewissen Höhe der Entwicklung die bestehende Gesellschaftsordnung beseitigt und an ihre Stelle die höhere, sozialistische Gesellschaftsordnung gesetzt werden muss."[94] Umso schlimmer muss für die überzeugte Klassenkämpferin und Revolutionärin der weitere Verlauf des Jahres 1914 gewesen sein.

## Weltkrieg und Russische Revolution 1917

Das Gefängnis als Ort war Teil der Lebensauffassung der Revolutionärin Luxemburg, die diese letzte Konsequenz ihres revolutionären Wirkens akzeptierte. Es „gehört[e] für sie zur Logik des Kampfes. Und dieser Logik auszuweichen, hieße Verrat an den Idealen zu begehen."[95] So störte es sie nicht, einen Großteil des Ersten Weltkrieges, ab dem 18. Februar 1915, im Berliner Frauengefängnis in der Barnimstraße 10, und ab dem 26. Oktober des Folgejahres in „Schutzhaft", zuerst in der Festung Wronke in Posen, später in Breslau zu verbringen. Sie blieb auch im Gefängnis informiert und nahm an verschiedenen Diskussionen teil. Trotz des „Sündenfalls" der SPD[96], der sich in deren Zustimmung zu den Kriegskrediten manifestierte und das scheinbare Scheitern des Internationalismus der Arbeiterbewegung, deren Repräsentantinnen

und Repräsentanten in nationalistischen Tönen zum Kampf gegeneinander aufriefen, zeigte Luxemburg vor allem in ihren Briefen aus dem Gefängnis „[u]nbeugsame[n] Mut und ungebrochene Zuversicht".[97] Dabei war ihre Zeit in Haft nicht frei von Verzweiflung und Einsamkeit, wie ein Brief an Sophie Liebknecht vom 15. Januar 1917 belegt: „[I]ch lief gerade wie ein Tier im Käfig den gewohnten ‚Spaziergang' an meiner Mauer entlang, hin und zurück, und mein Herz krampfte sich zusammen vor Schmerz, dass ich nicht auch fort von hier kann, oh, nur fort von hier! Aber das macht nichts, mein Herz kriegte gleich darauf einen Klaps und musste kuschen, es ist schon gewöhnt, zu parieren wie ein gut dressierter Hund. Reden wir nicht von mir."[98] Von der Sozialdemokratie Deutschlands war Luxemburg zudem schlichtweg enttäuscht: „Ihnen kann ich ja wohl das alles ruhig sagen: Sie werden nicht gleich Verrat am Sozialismus wittern. Sie wissen, ich werde trotzdem hoffentlich auf dem Posten sterben: in einer Straßenschlacht oder im Zuchthaus. Aber mein innerstes Ich gehört mehr meinen Kohlmeisen als den ‚Genossen'."[99]
Trotzdem blieb Luxemburg zuversichtlich und schien nicht an ihrem eigenen Schicksal zu verzweifeln. Sophie Liebknecht hatte dahingehend wohl 1917 einmal die Sinnfrage gestellt, welche die polnische Revolutionärin, ohne eine Spur von Traurigkeit, wie folgt

Rosa Luxemburg, 1915

beantwortete: „„Warum ist alles so?' Sie Kind, ‚so' ist eben das Leben seit jeher, alles gehört dazu: Leid und Trennung und Sehnsucht. Man muss es immer mit allem nehmen und alles schön und gut finden. Ich tue es wenigstens so. Nicht durch ausgeklügelte Weitsicht, sondern einfach so aus meiner Natur. Ich fühle instinktiv, dass das die einzige richtige Art ist, das Leben zu nehmen, und fühle mich deshalb wirklich glücklich in jeder Lage. Ich möchte auch nichts aus meinem Leben missen und nichts anders haben, als es war und ist."[100] Und doch glaubte Luxemburg auch weiterhin an die Kraft der Revolution, die als einzige das Morden auf den Schlachtfeldern Europas verhindern konnte. Umso freudiger stimmte Luxemburg die Nachricht von der Revolution in Russland. Sie hoffte gleichfalls auf die Ausweitung der Ereignisse im Sinne einer Weltrevolution[101], diese schien jedoch an der Unfähigkeit bzw. dem Unwillen der Führung der deutschen Sozialdemokratie zu scheitern.[102]
Auf Basis der Informationen, die sie auch im Gefängnis erreichten[103], äußerte sich Luxemburg seit Beginn der Russischen Revolution 1917 kritisch zu den Ereignissen[104], allerdings wurden ihre Arbeiten, etwa zum Frieden von Brest-Litowsk, den sie als Verrat am sozialistischen Internationalismus verstand, von Ernst Meyer (1887–1930) nicht mehr für einen Abdruck in den *Spartakusbriefen* akzeptiert.[105] Luxemburg ent-

schloss sich folglich, ihre Ansichten zur Russischen Revolution zusammenfassend darzustellen, allerdings erschien das unvollendete Werk „Zur Russischen Revolution", ediert und herausgegeben von Paul Levi, erst posthum 1922 und gehört seitdem zu ihren umstrittensten Werken.

Neben der Frage der nationalen Selbstbestimmung sowie der Landverteilung widmete sich Luxemburg in ihrer Arbeit erneut der Frage des revolutionären Prozesses sowie der Freiheit, die zur Conditio sine qua non desselben werden musste. In der wohl bekanntesten, allerdings oft zusammenhangslos bzw. nur partiell zitierten Aussage kommt die Kritik an der Herrschaft der Bolschewiki, die sich zur Erhaltung der eigenen Macht auch gegen andere revolutionäre Gruppen wandten, zum Ausdruck: „Freiheit nur für die Anhänger der Regierung, nur für Mitglieder einer Partei – mögen sie noch so zahlreich sein – ist keine Freiheit. Freiheit ist immer Freiheit des anders Denkenden. Nicht wegen des Fanatismus der ‚Gerechtigkeit', sondern weil all das Belehrende, Heilsame und Einigende der politischen Freiheit an diesem Wesen hängt und seine Wirkung versagt, wenn die ‚Freiheit' zum Privilegium wird."[106] Die Mittel Lenins, die die Bolschewiki zur zumindest propagierten Umwandlung der Gesellschaft hin zum Sozialismus anwandten – „Dekret, diktatorische Gewalt der Fabrikaufseher, drakonische Strafen, Schreckensherrschaft, das sind alles Mittel, die diese Wiedergeburt verhindern"[107] –, lehnte Luxemburg ab. Die Lenin'sche Interpretation der „Diktatur des Proletariats" kritisierte sie ebenfalls, denn es gehe um die Herrschaft einer Klasse, nicht einer Minderheit im Form einer Partei.[108]

Ungeachtet dieser Kritik war ihre Beurteilung der Russischen Revolution allerdings ambivalent, da sie das volle Ausmaß von Terror und Korrumpierung des revolutionären Prozesses durch die Partei Lenins nicht mehr miterlebte: „Es hieße, von Lenin und Genossen Übermenschliches verlangen, wollte man ihnen auch noch zumuten, unter solchen Umständen die schönste Demokratie, die vorbildlichste Diktatur des Proletariats und eine blühende sozialistische Wirtschaft hervorzuzaubern. Sie haben durch ihre entschlossene revolutionäre Haltung, ihre vorbildliche Tatkraft und ihre unverbrüchliche Treue dem internationalen Sozialismus wahrhaftig geleistet, was unter so verteufelt schwierigen Verhältnissen zu leisten war. Die Bolschewiki haben gezeigt, daß sie alles können, was eine echte revolutionäre Partei in den Grenzen der historischen Möglichkeiten zu leisten imstande ist. Sie sollen nicht Wunder wirken wollen. Denn eine mustergültige und fehlerfreie proletarische Revolution in einem isolierten, vom Weltkrieg erschöpften, vom Imperialismus erdrosselten, vom internationalen Proletariat verratenen Lande, wäre ein Wunder."[109]

Hätte Luxemburg länger gelebt, so hätte sie sicherlich zum einen aktiv an der Diskussion über die Russische Revolution teilgenommen und zum anderen ihre 1917 noch teilweise affirmative Haltung zum Bolschewismus revidiert, denn die Unterdrückung Andersdenkender durch eine Minderheit hätte sie nicht akzeptiert, besonders da ihr eigenes theoretisch gedachtes Revolutionsverständnis sowie ihre praktisch erlebte Revolutionserfahrung darauf ausgelegt waren, dass ein revolutionärer Prozess nur dann Erfolg versprach, wenn er 1. von den Massen getragen und vorangetrieben und 2. von einer Mehrheit der Menschen demokratisch legitimiert würde. Dahingehend stellte aber auch die Revolution in Deutschland 1918/19 eine weitere Enttäuschung für Luxemburg dar.

## Die Deutsche Revolution 1918/19 und die Ermordung Rosa Luxemburgs

1918 hatte Luxemburg bereits in einem ihrer Artikel auf die Unausweichlichkeit der bald beginnenden Revolution und die Rolle der deutschen Arbeiterschaft verwiesen: „Der deutsche Arbeiter wird also [...] zur Revolution greifen müssen, ob er sich noch so sträubt und totstellt und die Stimme der Zeit nicht hören will. Der Henker fremder Freiheit, der Gendarm der europäischen Reaktion wird gegen sein eigen Werk sehr bald rebellieren müssen, weil eherne geschichtliche Gesetze ihrer nicht spotten lassen. [...] Und wenn die Stunde schlägt, werden diejenigen, die sich jetzt von Russland abgewendet haben, um vor Hindenburg auf dem Bauch zu rutschen, wieder nach Osten sich wenden, um sich ein wenig heilige Glut von dem Brande zu borgen, den sie heute mit blutbesudelten Kommissstiefeln auf Geheiß des Imperialismus auszutreten sich mühen."[110] Die bald folgenden Ereignisse zeigten jedoch, dass sich Luxemburg mit ihrer Hoffnung verschätzt hatte.

Die Revolution in Deutschland begann schließlich im November 1918 und breitete sich von Kiel, wo ein Matrosenaufstand den Anlass zur revolutionären Erhebung bildete, schnell über ganz Deutschland aus.[111] Es soll hier nicht ausführlich auf die

Revolution selbst eingegangen werden, zumal im Zuge des Jubiläumsjahres 2018 einige umfassende Arbeiten zum Thema vorgelegt wurden[112], allerdings ist wichtig zu bemerken, dass die Spaltung der SPD durch den Weltkrieg, zunächst 1917 durch die Trennung in Mehrheits- (MSPD) und Unabhängige Sozialdemokratische Partei (USPD) auch organisatorisch vollzogen, nicht mehr aufzuhalten war.[113] Zum Jahreswechsel 1918/1919 war Luxemburg dann auch an der Gründung der KPD beteiligt, die sich vor allem aus den Mitgliedern des linken Spartakusbundes formiert hatte und an deren Spitze neben Luxemburg auch Karl Liebknecht stand.[114] Als revolutionär ausgerichteter Gegenentwurf zur Sozialdemokratie wurde schon im Programmentwurf auf diese Ausrichtung und die damit einhergehende Notwendigkeit der Revolution verwiesen: „Sie [die Revolution] ist kein verzweifelter Versuch einer Minderheit, die Welt mit Gewalt nach ihrem Ideal zu modeln, sondern die Aktion der großen Millionenmasse des Volkes, die berufen ist, die geschichtliche Mission zu erfüllen und die geschichtliche Notwendigkeit in Wirklichkeit umzusetzen."[115] Ende 1918 hatte sich Luxemburg allerdings gleichzeitig noch gegen die Anwendung von Gewalt zur Erreichung der revolutionären Ziele ausgesprochen: „Die proletarische Revolution bedarf für ihre Ziele keines Terrors, sie hasst und verabscheut den

Menschenmord. Sie bedarf dieser Kampfmittel nicht, weil sie nicht Individuen, sondern Institutionen bekämpft, weil sie nicht mit naiven Illusionen in die Arena tritt, deren Enttäuschung sie blutig zu rächen hätte. Sie ist kein verzweifelter Versuch einer Minderheit, die Welt mit Gewalt nach ihrem Ideal zu morden, sondern die Aktion der großen Millionenmasse des Volkes."[116]

Letztlich führte die Revolution in Deutschland aber doch zu einer Eruption der Gewalt, die entstand durch den Konflikt zwischen MSPD unter Führung Friedrich Eberts (1871–1925), welche die Revolution kontrollieren und nutze wollte, um die eigene Stellung in der post-revolutionären Ordnung der Nachkriegszeit zu zementieren, gegenüber weitergehenden revolutionären Ambitionen der radikalen Linken, die eine Fortsetzung der Revolution und Weiterentwicklung des Rätesystems, das sich im Zuge des revolutionären Prozesses gebildet hatte, forderten. Der irische Historiker Mark Jones hat darauf hingewiesen, dass „[1918/19] Formen von Gewalt Einzug hielten, die bis dahin auf dem Boden des Deutschen Reiches niemals vorgekommen waren, und das in einer nie dagewesenen Größenordnung"[117]. Im Zuge dieser Auseinandersetzung und der damit verbundenen Ereignisse, wurden verschiedene „Eskalationsstufen" durchschritten, die den „Weg zu immer brutaleren

Gewaltakten"[118] ebneten. Jones weist in seiner Analyse darüber hinaus auf die tragische Rolle der SPD hin, denn, so der irische Historiker weiter: Es „wurde zu einem zentralen Anliegen der Regierung und ihrer Anhänger, das Vorgehen von Regierungstruppen und Freikorps ohne Rücksicht darauf, was diese anstellten, zu verteidigen. Dieses rigorose Eintreten für staatliche Gewalt unter sozialdemokratischer Herrschaft verschob die Paradigmen der deutschen politischen Kultur und hinterließ ein bitteres Vermächtnis."[119] Die Revolution war folglich ein essentielles Gewalterlebnis, das den Beginn der Weimarer Republik markierte und im weiteren Verlauf der Ereignisse belastete, oder: „Auf dieser Etappe der Geschichte war Gewalt Politik, und Politik war Gewalt".[120]

Luxemburg und Liebknecht wurden zu Opfern eines solchen Gewaltexzesses, der im Januar 1919 einen Kulminationspunkt der Auseinandersetzung innerhalb der Deutschen Revolution darstellte.[121] Nach der gewaltsamen Niederschlagung des sogenannten Spartakusaufstandes, der Auseinandersetzungen zwischen dem Rat der Volksbeauftragten, der vom 10. November 1918 bis zum 13. Februar 1919 amtierenden Provisorischen Regierung und den radikaleren Elementen der Revolutionsbewegung, mussten sich die KPD-Führer Luxemburg und Liebknecht, die sich im Zuge einer Sitzung von KPD und USPD am

5. Januar, wie viele andere der anwesenden Obleute, die sich mit den Aufständischen solidarisiert hatten, verstecken, wurden aber am 15. Januar 1919 von einer Bürgerwehr entdeckt und ins Hotel Eden gebracht, wo sie zuerst verhört sowie misshandelt und schließlich von der Garde-Kavallerie-Schützen-Division weggebracht und erschossen wurden. Die Leiche Luxemburgs warfen die Mörder im Anschluss in den Landwehrkanal, welche erst Ende Mai 1919 von einem Schleusenarbeiter geborgen wurde.[122]

Luxemburg-Denkmal am Landwehrkanal Berlin

Möglich wurde ein solcher Mord durch ein Amalgam aus Bolschewismusfurcht in Deutschland sowie antisemitischen Ressentiments gegen „jüdische Revolutionäre" wie Luxemburg, aber auch Kurt Eisner (1867–1919), der knapp einen Monat später ebenfalls zum Opfer eines Attentats werden sollte, die in Verschwörungsnarrativen dieser Zeit zu Vertreterinnen und Vertretern einer anti-deutschen jüdischen Weltverschwörung stilisiert wurden. In einem Drohbrief an Eisner vom 18. Januar 1919, also nur drei Tage nach Luxemburgs Ermordung, schrieb ein „Genosse": „Ich habe gesehen und gelesen, daß unser Genosse Liebknecht und Rosa Luxemburg, den ihr [sic!] verdienten Tod erhalten haben. Die Dummheit der Arbeiter ist genügend von euch stinkenden Juden ausgenutzt worden, wo ihr nur auf Kosten der Arbeiter, mit Hetzreden die Arbeiter irreführtet und auf den Taschen der Arbeiter liegt und noch dazu Bruderkrieg führt. – Darum Genosse Eisner, verdrücke dich, so schnell wie möglich, die Stunde der Abrechnung ist da, wo mit euren Köpfen Fußball gespielt wird werden, denn glaubst Du, daß ein deutsches Volk es so einfach hin nimmt, sich mit von Juden, die mit russischem Gelde arbeiteten, sich verraten zu lassen, wie ihr Verbrecher und Zuchthäusler und Banditen von Dreckjuden es auf Kosten der deutschen Arbeiter und Bürger getan habt? – Es kostet Judensblut von

Euch Stinkjuden. – Du bist Liebknecht's und Rosa Luxemburg's Nachfolger, da du dich [sic!] mit deiner letzten Rede selbst dein Grab geschaffen hast und kannst du doch nicht wagen, wie du es tatest, daß ihr Dreckjuden euch etwa mit Wilhelm II. u. s. w. gleich stellt?"[123] Ganz ähnlich warnte ein anderer Drohbrief vom 1. Februar 1919 vor dem gleichen Schicksal wie Luxemburg und Liebknecht: „In der heutigen Zeit ist alles möglich, das sieht man bei Ihnen. – Wie kommen Sie elender polnischer Jude, ehemaliger Puffbesitzer in Marburg, dazu, sich zum Minister herauf zu schwingen? Die längste Zeit werden Sie in München gesessen haben und Ihre Stunde hat geschlagen – es wird Ihnen genau so ergehen wie Liebknecht und Rosa Luxemburg."[124] Es kann hier folglich konstatiert werden, dass sich die Gewalt gegen Luxemburg auch deshalb so vehement entladen hatte, weil sie seit Jahren ein „Hassobjekt" darstellte. Sie hatte nicht nur immer wieder die SPD kritisiert, sondern stand als Galionsfigur der revolutionären Bewegung für all das, was die konservativen und militaristischen Kräfte, die zwecks des eigenen Machterhalts auch von der Führungsriege der MSPD hofiert worden waren, ablehnten. Ihre Ermordung war deshalb gleichzeitig ein symbolischer Akt der Gegenrevolution, und das, wenn nicht sanktioniert, so doch immerhin geduldet von der deutschen Sozialdemokratie.

## Nachwirken

Rosa Luxemburg war eine überzeugte Revolutionärin, die sich von ihren praktischen Erfahrungen immer wieder dazu anleiten ließ, ihre theoretischen Überlegungen zu reflektieren und zu erweitern. Sie fühlte sich in dieser Hinsicht dem Erbe der Schriften von Marx und Engels verpflichtet, allerdings nicht dogmatisch, sondern mit einem offenen Geist. Gerade weil sie sich kritisch äußerte, und das nicht nur gegenüber Lenin, sondern ebenso gegenüber den Positionen der deutschen Sozialdemokratie, wurde sie zu einer Persona non grata, an die bis heute mitunter verzerrt erinnert wird. In der Weimarer Republik hatte die Revolution keine Lobby und Luxemburg wurde zu einem Sinnbild judäobolschewistischer Verschwörungsnarrative und antisemitischer Hetze.[125] Die SPD in der Bundesrepublik wurde durch eine Auseinandersetzung mit ihr an die eigenen „Sünden" der Vergangenheit erinnert und in der DDR erschwerte der doktrinäre Marxismus-Leninismus die Auseinandersetzung mit einer Intellektuellen, die die Verfehlungen und die Korrumpierung der Russischen Revolution durch den Bolschewismus schon früh abgelehnt hatte, auch wenn sie die Konsequenzen dieses Prozesses nicht mehr persönlich erlebte.[126] Trotzdem avancierten ihre Schriften seit den 1960er Jahre

zu Klassikern der Neuen Linken[127] und bis heute „widersetzt sich Luxemburg, endlich zu sterben"[128].
Für alle, die die Hoffnung auf eine bessere Zukunft im Sinne eines demokratischen Sozialismus nicht aufgegeben haben, für alle, die den Mut zur Freiheit besitzen, das heißt an die Notwendigkeit einer Revolution im 21. Jahrhundert glauben, sind Luxemburgs Schriften und die darin zum Ausdruck gebrachten Gedanken ein Quell der Inspiration. Denn eines hat Luxemburg in ihrem bewegten Leben nie aus den Augen verloren: den Hoffnungsschimmer der nächsten Revolution am Horizont der Zukunft.

# Anmerkungen

1 Dath, Dietmar: Rosa Luxemburg, Berlin $^{2}$2019, 18. – Schütrumpf, Jörn: „Zwischen Liebe und Zorn: Rosa Luxemburg“, in: Schütrumpf, Jörn (Hg.): Rosa Luxemburg oder: Der Preis der Freiheit, Berlin $^{3}$2018, 11–100, hier 19.

2 Luxemburg, Rosa: „Die Krise der Sozialdemokratie“ (1916), online unter: https://www.marxists.org/deutsch/archiv/luxemburg/1916/junius/.

3 Laschitza, Annelies: Im Lebensrausch, trotz alledem. Rosa Luxemburg – Eine Biographie, Berlin $^{2}$1996, 9.

4 Badia, Gilbert: Rosa Luxemburg, Marx y el problema de las alianzas: (En torno al problemaa de la estrategia revolucionaria), in: *Materiales*, 3. Jahr, 1977, 166–176, hier 166. Zur Zusammenarbeit der beiden mit Blick auf die Gründung der KPD vgl. Conze, Werner: Die Befestigung der KPD-Tradition durch Mehring und Rosa Luxemburg, in: *Historische Zeitschrift* 188. Jahr, 1. Heft, 1959, 76–82.

5 Berti, Giuseppe: Gli scritti politici di Rosa Luxemburg, in: Studi Storici 9. Jahr, 1. Heft, 1968, 225–232, hier 225. – McLean, Edward B.: Rosa Luxemburg – Radical Socialist. A Reappraisal on the Occasion of Her Death in 1919, in: *Il Politico* 34. Jahr, 1. Heft, 1969, 28–45, hier 28.

6 Piper, Ernst: Rosa Luxemburg. Ein Leben, München $^{2}$2019, 9.

7 Nettl, John Peter: Rosa Luxemburg. The Biography, London/New York 2019, 55.

8 Schüttrumpf: „Zwischen Liebe und Zorn“ [FN 1], 100.

9 Badia, Gilbert: Rosa Luxemburg. Journaliste, polemiste, revolutionnaire, Paris 1975.

10 Brie, Michael: Rosa Luxemburg neu entdecken. Ein hellblaues Bändchen zu „Freiheit für den Feind! Demokratie und

Sozialismus“, Hamburg 2019, 10.

11 Howard, Dick: The Marxian Legacy. The Search for the New Left, London 2019 [1977], 24.

12 Scott, Helen: „Introduction. Rosa Luxemburg“, in: dies. (Hg): The Essential Rosa Luxemburg: Reform or Revolution & The Mass Strike, Chicago, IL 2007, 1–36. hier 1.

13 Piper: Rosa Luxemburg [FN 6], 9.

14 Schüttrumpf: „Zwischen Liebe und Zorn“ [FN 1], 27.

15 Caysa, Volker: „Rosa Luxemburg – das Leben als Werk“, in: Klaus Kinner; Helmut Seidel (Hg.): Rosa Luxemburg. Historische und aktuelle Dimensionen ihres theoretischen Werkes, Berlin ²2009, 11–36, hier 14.

16 Schüttrumpf: „Zwischen Liebe und Zorn“ [FN 1], 26.

17 Caysa: „Rosa Luxemburg“ [FN 15], 14.

18 Lashitza: Im Lebensrausch [FN 3], 9.

19 Brief an Sophie Liebknecht, Wronke, Anfang Januar 1917, in: Luxemburg, Rosa: Briefe aus dem Gefängnis, Berlin ²⁰2019, 17–19, hier 17.

20 Brief an Sophie Liebknecht, Leipzig, 7. Juli 1916, in: ebd., 11. Vgl. dazu auch: Lashitza: Im Lebensrausch [FN 3], 10.

21 Kinner Klaus; Seidel, Helmut: „Vorwort“, in: dies. (Hg.): Rosa Luxemburg. Historische und aktuelle Dimensionen ihres theoretischen Werkes, Berlin ²2009, 7.

22 Fülberth, Georg: Friedrich Engels, Köln 2018, 12.

23 Laschitza: Im Lebensrausch [FN 3], 11.

24 Schulman, Jason: „Introduction. Reintroducing Red Rosa“, in: ders. (Hg.): Rosa Luxemburg. Her Life and Legacy, New York 2013, 1–10, hier 1.

25 Engelhard, Peter: Die Ökonomen der SPD. Eine Geschichte sozialdemokratischer Wirtschaftspolitik in 45 Porträts, Bielefeld 2014, 27.

26 Bottigelli, Emile: Réflexions sur un livre: Rosa Luxemburg: mythe et réalité, in: *Le Mouvement Social* 95. Jahr, 1976, 147–152, hier 148. – Lim, Jie-Hyun: „Rosa Luxemburg on the Dialectics of Proletarian Internationalism and Social Patriotism", in: *Science & Society* 59. Jahr, 4. Heft, 1995/1996, 498–530, hier 498. – Nettl, John P.: Rosa Luxemburg, Bd. 1, London 1966, 1. – Pelz, William A.: „Another Luxemburgism is Possible. Reflections on Rosa and the Radical Socialist Project", online unter: http://www.internationale-rosa-luxemburg-gesellschaft.de/Downloads/16-Pelz.pdf, 2–4.

27 Dath, Dietmar: „Eine sehr große Ausnahme", in: Rosa Luxemburg, Friedensutopien und Hundepolitik. Schriften und Reden, Stuttgart [2]2018, 104–108, hier 105.

28 Caysa: „Rosa Luxemburg" [FN 15], 11.

29 Dath: Luxemburg [FN 1], 8.

30 Mattick, Paul: Rosa Luxemburg. Un examen retrospectivo, in: *Materiales* 3. Jahr, 1977, 84–105, hier 85.

31 Hobsbawm, Eric: Zeitalter der Extreme. Weltgeschichte des 20. Jahrhunderts, München 1995.

32 Sofern nicht explizit anders angegeben, stammen die Angaben zur frühen Kindheit und Jugend Rosa Luxemburgs aus der neuesten Darstellung zum Thema: Pilawski, Krzysztof; Politt, Holger (Hg.): Rosa Luxemburg. Spurensuche – Dokumente und Zeugnisse einer jüdischen Familie, Hamburg 2020, 69–79. Vgl. dazu auch Nettl: Rosa Luxemburg [FN 26], 41–62.

33 Dath: Luxemburg [FN 1], 13.

34 Pilawski; Politt (Hg.): Rosa Luxemburg [FN 32], 70.

35 Ebd., 80.

36 Luxemburg, Rosa: Gesammelte Briefe, Berlin 1982 – (im Weiteren GB), Bd. 1, 343 zit. nach ebd. 76.

37 GB, Bd. 2, 68f. zit. nach ebd. 72.

38 Dazu ausführlich: Brossat, Alain; Klingberg, Sylvia: Revolutionary Yiddishland. A History of Jewish Radicalism, London 2017.
39 Schüttrumpf: „Zwischen Liebe und Zorn“ [FN 1], 26.
40 Luxemburg, Rosa: Die industrielle Entwicklung Polens, Leipzig 1898.
41 Dath: Luxemburg [FN 1], 16.
42 Takemoto, Nobuhiro: „Rosa Luxemburg's Arguments on the Socialst Movements“, in: *Kyoto University Economic Review* 41. Jahr, 1. Heft, 1971, 49–77, hier 49.
43 GB, Bd. 1, 351 zit. nach Pilawski; Politt (Hg.): Rosa Luxemburg [FN 32], 74.
44 Seidel, Helmut: „Bemerkungen zu Rosa Luxemburgs Marx-Rezeption“, in: Kinner, Klaus; Seidel, Helmut (Hg.): Rosa Luxemburg. Historische und aktuelle Dimensionen ihres theoretischen Werkes, Berlin ²2009, 37–52, hier 38.
45 Luxemburg, Rosa: Stillstand und Fortschritt im Marxismus, in: dies.: Gesammelte Werke, Berlin 1970–, Bd. 1/2, 363–368, hier 364.
46 Wagner, Ingo: „‚Sozialreform oder Revolution?‘ Historisch passé – oder?“ in: Kinner, Klaus; Seidel, Helmut (Hg.): Rosa Luxemburg. Historische und aktuelle Dimensionen ihres theoretischen Werkes, Berlin ²2009, 171–178.
47 Bernstein, Eduard: Die Voraussetzungen des Sozialismus und die Aufgaben der Sozialdemokratie (1899), online unter: https://www.marxists.org/deutsch/referenz/bernstein/1899/voraus/schluss.html. Das Zitat wurde stillschweigend an die heute gültige Rechtschreibung angepasst.
48 Löwy, Michael: Rosa Luxemburg. Der zündende Funke der Revolution, übersetzt von Arno Münster, Hamburg 2020, 55.
49 Luxemburg, Rosa: Sozialreform oder Revolution? (1899): https://www.marxists.org/deutsch/archiv/luxemburg/1899/sozrefrev/.

50 Ebd.

51 Ebd.

52 Ebd.

53 Dath: Luxemburg [FN 1], 21f.

54 Schüttrumpf: „Zwischen Liebe und Zorn“ [FN 1], 30. Zum Parteitag 1903 vgl. Parteivorstand der SPD: Protokoll über die Verhandlungen des Parteitages der Sozialdemokratischen Partei Deutschlands. Abgehalten zu Dresden vom 13. bis 20. September 1903, Berlin 1903, online unter: http://library.fes.de/parteitage/pdf/pt-jahr/pt-1903.pdf.

55 Bartsch, Günter: „Die Aktualität Rosa Luxemburgs in Osteuropa“, in: *Osteuropa* 25. Jahr, 10. Heft, 1975, 848–854, hier 849f. – Jost, Annette: Rosa Luxemburg y su crítica de Lenin, in: *Materiales* 3. Jahr, 1977, 196–222, hier 197. – Kato, Tetsuro: „Organisationstheorie Rosa Luxemburgs. Geburt und Scheitern der KPD-Satzung von 1919 als ‚dezentralisierte Assoziation‘“, in: *Hitotsubashi Journal of Social Studies* 24. Jahr, 1. Heft, 1992, 25–33, hier 25. – Wolfe, Bertram D.: „Rosa Luxemburg and V. I. Lenin: The Opposite Poles of Revolutionary Socialism“, in: *The Antioch Review* 21. Jahr no. 2. Heft, 1961, 209–226, hier 209.

56 Lenin, Wladimir Iljitsch: „Brief an einen Genossen über unsere organisatorischen Aufgaben“, in: ders.: Werke, Bd 6, Berlin 1959, 223–244, hier 240.

57 Luxemburg, Rosa: „Organisationsfragen der russischen Sozialdemokratie“, in: GW, Bd 1/2, 422–444. Dazu auch: Dies.: „Wieder Masse und Führer“, in: GW, Bd. 3, 37–44.

58 Chen, Miaofen: „From Class to Freedom – Rosa Luxemburg on Revolutionary Spontaneity and Socialist Democracy“, in: *ARSP. Archiv für Rechts- und Sozialphilosophie / Archives for Philosophy of Law and Social Philosophy* 101. Jahr, 1. Heft, 2015, 75–86, hier 76.

59 Haug, Frigga: „Standbein und Spielbein – Rosa Luxemburgs Konzept von revolutionärer Realpolitik“, in: Kinner, Klaus; Seidel, Helmut (Hg.): Rosa Luxemburg. Historische und aktuelle Dimensionen ihres theoretischen Werkes, Berlin 22009, 139–151, hier 144.

60 Ebd., 143–144.

61 Bartsch: „Aktualität“ [FN 55], 851f. 6. – Egan, Daniel: „Rosa Luxemburg and the Mass Strike: Rethinking Gramsci’s Critique“, in: *Socialism and Democracy* 33. Jahr, 2. Heft, 2019, 46–66.

62 „Aufruf des Hauptvorstands der Sozialdemokratie des Königreichs Polen und Litauens (SDKPiL) vom Dezember 1904“, in: Luxemburg, Rosa: Arbeiterrevolution 1905/06, hrsg. und übersetzt von Holger Politt, Berlin 2015, 50–52, hier 50.

63 Vgl. dazu ausführlich das analytische Revolutionsmodell in Jacob, Frank: Mut zur Freiheit: Ein Essay zur Revolution im 21. Jahrhundert, Bielefeld 2021.

64 Luxemburg, Rosa: „Aufstand des Petersburger Proletariats (Januar 1905)“, in: dies: Arbeiterrevolution 1905/06, hrsg. und übersetzt von Holger Politt, Berlin 2015, 54–59, hier 55.

65 Politt, Holger: „Unter Blitz und Donner: Zusammenstoß zweier Zeitalter“, in: Luxemburg, Rosa: Arbeiterrevolution 1905/06, hrsg. und übersetzt von Holger Politt, Berlin 2015, 9–34, hier 17.

66 Luxemburg: „Aufstand“ [FN 64], 59.

67 Schüttrumpf: „Zwischen Liebe und Zorn“ [FN 1], 17.

68 Weber, Max: Rußlands Übergang zum Scheinkonstitutionalismus, in: ders.: Zur Russischen Revolution von 1905. Schriften und Reden 1905-1912, Tübingen 1996, 105–328.

69 Luxemburg, Rosa: „Bewaffnete Revolution in Moskau (3. Januar 1906)“, in: dies.: Arbeiterrevolution 1905/06, hrsg. und übersetzt von Holger Politt, Berlin 2015, 146–150, hier 149. Luxemburg, Rosa: „Ein Jahr der Revolution (27. Mai 1905)“, in: Rosa

Luxemburg: Arbeiterrevolution 1905/06, hrsg. und übersetzt von Holger Politt, Berlin 2015, 80–83, hier 82.

70 Luxemburg: „Bewaffnete Revolution“ [F 69], 150.

71 Luxemburg, Rosa: „Das Jahr der Revolution (28. Januar 1906)“, in: dies.: Arbeiterrevolution 1905/06, hrsg. und übersetzt von Holger Politt, Berlin 2015, 181–187, hier 181.

72 Ebd., 187.

73 Luxemburg, Rosa: „Blanquismus und Sozialdemokratie (27. Juni 1906)“, in: dies.: Arbeiterrevolution 1905/06, hrsg. und übersetzt von Holger Politt, Berlin 2015, 214–219, hier 218.

74 Luxemburg: „Krise“ [FN 2], Kap. V.

75 Liebing, Siegfried: „Rosa Luxemburg. ‚Einführung in die Nationalökonomie‘“, in: Kinner, Klaus; Seidel, Helmut (Hg.): Rosa Luxemburg. Historische und aktuelle Dimensionen ihres theoretischen Werkes, Berlin 22009, 71–85, hier 71.

76 Zitiert nach ebd., 74.

77 Dath: Luxemburg [FN 1], 37f.

78 Ebd., 40. Zu de Briefen vgl. Luxemburg, Rosa: Die Liebesbriefe, hrsg. von Jörn Schütrumpf, Berlin 2012, 151-230.

79 Brief an Kostja Zetkin, 17. August 1909, zit. nach Dath: Luxemburg [FN 1], 41.

80 Schüttrumpf: „Zwischen Liebe und Zorn“ [FN 1], 40.

81 Luxemburg, Rosa: „Tolstoi als sozialer Denker“ (1908), in: dies: Friedensutopien und Hundepolitik – Schriften und Reden, Stuttgart $^{2}$2018, 7–17, hier 15.

82 Kautsky, Karl: Der Weg zur Macht. Politische Betrachtungen über das Hineinwachsen in die Revolution, Berlin 1909.

83 Schüttrumpf: „Zwischen Liebe und Zorn“ [FN 1], 39.

84 Ebd., 38.

85 Scott: „Introduction“ [FN 12], 20f.

86 Luxemburg, Rosa: „Was weiter?“ in Dortmunder Arbeiterzeitung,

14.März 1910, online unter: https://www.marxists.org/deutsch/archiv/luxemburg/1910/03/weiter.htm.

87 Luxemburg, Rosa: „Friedensutopien“ (1911), in: dies: Friedensutopien und Hundepolitik. Schriften und Reden, 2. Auflage, Stuttgart 2018, 18–35.

88 Luxemburg, Rosa: „Frauenwahlrecht und Klassenkampf“, in: dies:, Friedensutopien und Hundepolitik. Schriften und Reden, 2. Auflage, Stuttgart 2018, 36–44, hier 44.

89 Dath: Luxemburg [FN 1], 44.

90 Krätke, Michael R.: „Die Aktualität der Rosa Luxemburg“, in: *Zeitschrift für sozialistische Politik und Wirtschaft* 2. Jahr, 2013, 58–61, hier 58f.

91 Dath: Luxemburg [FN 1], 44.

92 Luxemburg, Rosa: Die Akkumulation des Kapitals oder Was die Epigonen aus der Marxschen Theorie gemacht haben. Eine Antikritik von Rosa Luxemburg, Leipzig 1921.

93 Hedeler, Wladislaw: „Nikolai Bucharins Studie über die Akkumulation des Kapitals (1914/1925)“, in: Kinner, Klaus; Seidel, Helmut (Hg.): Rosa Luxemburg. Historische und aktuelle Dimensionen ihres theoretischen Werkes, Berlin ²2009, 101–122, hier 101.

94 Luxemburg, Rosa: „Verteidigungsrede vor der Frankfurter Strafkammer“ (1914), in: dies.: Friedensutopien und Hundepolitik. Schriften und Reden, Stuttgart ²2018, 45–59, hier 47.

95 Caysa: „Rosa Luxemburg“ [FN 15], 30.

96 Jacob, Frank; Altieri, Riccardo: „Der Erste Weltkrieg, Geschichtsrevisionismus und der „Sündenfall“ der deutschen Sozialdemokratie“, in: dies. (Hg.): Krieg und Frieden im Spiegel des Sozialismus 1914-1918, Berlin 2018, 9–29.

97 „Vorwort“, in: Luxemburg: Briefe aus dem Gefängnis [FN 19], 5–7, hier 5.

98 Brief an Sophie Liebknecht, Wronke, 15. Januar 1917, in: ebd., 20–23, hier 21.

99 Brief an Sophie Liebknecht, Wronke, 2. Mai 1917, in: ebd., 36–42, hier 40.

100 Brief an Sophie Liebknecht, Wronke, 19. April 1917, in: ebd., 30–34, hier 31.

101 Luxemburg, Rosa: „Brennende Zeitfragen", in: GW 4, 277.

102 Am 24. November 1917 schrieb Luxemburg an Luise Kautsky über die Revolution in Russland. Vgl. Dath: Luxemburg [FN 1], 54–55.

103 Vgl. Schütrumpf, Jörn (Hg.): Diktatur statt Sozialismus. Die russische Revolution und die deutsche Linke 1917/18, Berlin 2017. Dazu auch: Luksemburg, Rosa: Rukopis o russkoi rewoluzii, in: Woprossy istorii (Moskau), Nr. 2, Februar 1919, 3–33.

104 Lashitza: Im Lebensrausch [FN 3], 572f.

105 „Die russische Tragödie" war noch in Nr. 11 der Spartakusbriefe (September 1918) erschienen, allerdings unter Hinzufügung einer den Inhalt relativierenden Notiz der Redaktion. Lashitza: Im Lebensrausch [FN 3], 570f.

106 Luxemburg, Rosa: Die Russische Revolution. Eine kritische Würdigung, hrsg. und eingel. v. Paul Levi, Berlin 1922, 109. Vgl. dazu auch Brie, Michael: „Die Freiheit ist immer die Freiheit der anderen. Zur sozialphilosophischen Dimension von Rosa Luxemburgs Kritik an den Bolschewiki", in: Kinner, Klaus; Seidel, Helmut (Hg.): Rosa Luxemburg. Historische und aktuelle Dimensionen ihres theoretischen Werkes, Berlin [2]2009, 66–69, hier 66f.

107 Luxemburg: Die Russische Revolution [FN 106], 112.

108 Ebd., 115.

109 Ebd., 118.

110 Luxemburg, Rosa: „Der Katastrophe entgegen" (1918), in: dies.: Friedensutopien und Hundepolitik. Schriften und Reden,

Stuttgart $^{2}$2018, 70–74, hier 74.

111 Jessen-Klingenberg, Manfred: Der Kieler Matrosenaufstand und die Novemberrevolution 1918 : zwischen Befehlsverweigerung und demokratischem Neuanfang, Kiel 2004.

112 Vgl. dazu den Überblick in Engel, Gerhard: „Einhundert Jahre deutsche Revolution 1918/19. Eine selektive Bücherschau", Arbeit – Bewegung – Geschichte – Zeitschrift für historische Studien 18. Jahrgang, 1. Heft, 2019, 77–93.

113 Krause, Hartfrid: Die Spaltung der deutschen Arbeiterbewegung und die Gründung der USPD 1917, in: Braune, Andreas; Hesselbarth, Mario; Müller, Stefan (Hg.): Die USPD zwischen Sozialdemokratie und Kommunismus 1917–1922. Neue Wege zu Frieden, Demokratie und Sozialismus? Stuttgart 2018, 3–24.

114 Franz, Benjamin: „Zur Diskussion in der KPD 1918/1919 um die Anwendung von Waffengewalt in der Revolution", in: *JahrBuch für Forschungen zur Geschichte der Arbeiterbewegung* 8. Jahrgang, 1. Heft, 2009, 79–95, hier 80.

115 Luxemburg, Rosa: Was will der Spartakusbund? (1918), online unter: https://www.marxists.org/deutsch/archiv/luxemburg/1918/12/waswill.htm.

116 Ebd.

117 Jones, Mark: Am Anfang war Gewalt: Die deutsche Revolution 1918/19 und der Beginn der Weimarer Republik, Berlin $^{2}$2017, S.10.

118 Ebd., 11.

119 Ebd., 13.

120 Ebd.

121 Dath: Luxemburg [FN 1], 61–65.

122 Zur Ermordung: Laschitza, Annelies: Rosa Luxemburgs Tod. Dokumente und Kommentare, Schkeuditz 2010.

123 Jacob, Frank/Baddack, Cornelia (Hg.): 100 Schmäh- und Droh-

briefe an Kurt Eisner 1918/19, Berlin 2019, Nr. 41.

124 Ebd., Nr. 42.

125 Jossin, Ariane: „Un siècle d'histoire politique allemande. Commémorer Liebknecht et Luxemburg au Zentralfriedhof Friedrichsfelde de Berlin", in: *Le Mouvement social* 237. Heft, 2011, 115–133 hier 116–119.

126 Ebd., 119–126.

127 Bartsch: „Aktualität" [FN 55], 848.

128 Schulman: „Introduction" [FN 24], 1.

# Literaturverzeichnis

„Aufruf des Hauptvorstands der Sozialdemokratie des Königreichs Polen und Litauens (SDKPiL) vom Dezember 1904", in: Luxemburg, Rosa: Arbeiterrevolution 1905/06, hrsg. und übersetzt von Holger Politt, Berlin 2015, 50–52.

Badia, Gilbert: Rosa Luxemburg. Journaliste, polemiste, revolutionnaire, Paris 1975.

Badia, Gilbert: Rosa Luxemburg, Marx y el problema de las alianzas: (En torno al problemaa de la estrategia revolucionaria), in: *Materiales*, 3. Jahr, 1977, 166–176.

Bartsch, Günter: „Die Aktualität Rosa Luxemburgs in Osteuropa", in: *Osteuropa* 25. Jahr, 10. Heft, 1975, 848–854.

Bernstein, Eduard: Die Voraussetzungen des Sozialismus und die Aufgaben der Sozialdemokratie (1899), online unter: https://www.marxists.org/deutsch/referenz/bernstein/1899/voraus/schluss.html [28.12.2020].

Berti, Giuseppe: Gli scritti politici di Rosa Luxemburg, in: Studi Storici 9. Jahr, 1. Heft, 1968, 225–232.

Bottigelli, Emile: Réflexions sur un livre: Rosa Luxemburg: mythe et réalité, in: *Le Mouvement Social* 95. Jahr, 1976, 147–152.

Brie, Michael: „Die Freiheit ist immer die Freiheit der anderen. Zur sozialphilosophischen Dimension von Rosa Luxemburgs Kritik an den Bolschewiki", in: Kinner, Klaus; Seidel, Helmut (Hg.): Rosa Luxemburg. Historische und aktuelle Dimensionen ihres theoretischen Werkes, Berlin ²2009, 66–69.

Brie, Michael: Rosa Luxemburg neu entdecken. Ein hellblaues Bändchen zu „Freiheit für den Feind! Demokratie und Sozialismus", Hamburg 2019, 10.

Brossat, Alain; Klingberg, Sylvia: Revolutionary Yiddishland. A History of Jewish Radicalism, London 2017.

Caysa, Volker: „Rosa Luxemburg – das Leben als Werk“, in: Klaus Kinner; Helmut Seidel (Hg.): Rosa Luxemburg. Historische und aktuelle Dimensionen ihres theoretischen Werkes, Berlin ²2009, 11–36.
Chen, Miaofen: „From Class to Freedom – Rosa Luxemburg on Revolutionary Spontaneity and Socialist Democracy“, in: *ARSP. Archiv für Rechts- und Sozialphilosophie / Archives for Philosophy of Law and Social Philosophy* 101. Jahr, 1. Heft, 2015, 75–86.
Conze, Werner: Die Befestigung der KPD-Tradition durch Mehring und Rosa Luxemburg, in: Historische Zeitschrift 188. Jahr, 1. Heft, 1959, 76–82.
Dath, Dietmar: „Eine sehr große Ausnahme“, in: Rosa Luxemburg, Friedensutopien und Hundepolitik. Schriften und Reden, Stuttgart ²2018, 104–108.
Dath, Dietmar: Rosa Luxemburg, Berlin ²2019.
Egan, Daniel: „Rosa Luxemburg and the Mass Strike: Rethinking Gramsci's Critique“, in: *Socialism and Democracy* 33. Jahr, 2. Heft, 2019, 46–66.
Engel, Gerhard: „Einhundert Jahre deutsche Revolution 1918/19. Eine selektive Bücherschau“, Arbeit – Bewegung – Geschichte – Zeitschrift für historische Studien 18. Jahrgang, 1. Heft, 2019, 77–93.
Engelhard, Peter: Die Ökonomen der SPD. Eine Geschichte sozialdemokratischer Wirtschaftspolitik in 45 Porträts, Bielefeld 2014.
Franz, Benjamin: „Zur Diskussion in der KPD 1918/1919 um die Anwendung von Waffengewalt in der Revolution“, in: *JahrBuch für Forschungen zur Geschichte der Arbeiterbewegung* 8. Jahrgang, 1. Heft, 2009, 79–95.
Fülberth, Georg: Friedrich Engels, Köln 2018.
Haug, Frigga: „Standbein und Spielbein – Rosa Luxemburgs Konzept von revolutionärer Realpolitik“, in: Kinner, Klaus; Seidel,

Helmut (Hg.): Rosa Luxemburg. Historische und aktuelle Dimensionen ihres theoretischen Werkes, Berlin ²2009, 139–151.

Hedeler, Wladislaw: „Nikolai Bucharins Studie über die Akkumulation des Kapitals (1914/1925)", in: Kinner, Klaus; Seidel, Helmut (Hg.): Rosa Luxemburg. Historische und aktuelle Dimensionen ihres theoretischen Werkes, Berlin ²2009, 101–122.

Hobsbawm, Eric: Zeitalter der Extreme. Weltgeschichte des 20. Jahrhunderts, München 1995.

Howard, Dick: The Marxian Legacy. The Search for the New Left, London 2019 [1977].

Jacob, Frank/Baddack, Cornelia (Hg.): 100 Schmäh- und Drohbriefe an Kurt Eisner 1918/19, Berlin 2019.

Jessen-Klingenberg, Manfred: Der Kieler Matrosenaufstand und die Novemberrevolution 1918: zwischen Befehlsverweigerung und demokratischem Neuanfang, Kiel 2004.

Jones, Mark: Am Anfang war Gewalt: Die deutsche Revolution 1918/19 und der Beginn der Weimarer Republik, Berlin ²2017.

Jost, Annette: Rosa Luxemburg y su crítica de Lenin, in: *Materiales* 3. Jahr, 1977, 196–222.

Kato, Tetsuro: „Organisationstheorie Rosa Luxemburgs. Geburt und Scheitern der KPD-Satzung von 1919 als ‚dezentralisierte Assoziation'", in: *Hitotsubashi Journal of Social Studies* 24. Jahr, 1. Heft, 1992, 25–33.

Kautsky, Karl: Der Weg zur Macht. Politische Betrachtungen über das Hineinwachsen in die Revolution, Berlin 1909.

Krätke, Michael R.: „Die Aktualität der Rosa Luxemburg", in: *Zeitschrift für sozialistische Politik und Wirtschaft* 2. Jahr, 2013, 58–61.

Krause, Hartfrid: Die Spaltung der deutschen Arbeiterbewegung und die Gründung der USPD 1917, in: Braune, Andreas; Hesselbarth, Mario; Müller, Stefan (Hg.): Die USPD zwischen Sozialdemokratie und Kommunismus 1917–1922. Neue Wege zu Frieden,

Demokratie und Sozialismus? Stuttgart 2018, 3–24.
Laschitza, Annelies: Im Lebensrausch, trotz alledem. Rosa Luxemburg – Eine Biographie, Berlin [2]1996.
Laschitza, Annelies: Rosa Luxemburgs Tod. Dokumente und Kommentare, Schkeuditz 2010.
Lenin, Wladimir Iljitsch: „Brief an einen Genossen über unsere organisatorischen Aufgaben", in: ders.: Werke, Bd 6, Berlin 1959, 223–244.
Lim, Jie-Hyun: „Rosa Luxemburg on the Dialectics of Proletarian Internationalism and Social Patriotism", in: Science & Society 59. Jahr, 4. Heft, 1995/1996, 498–530.
Liebing, Siegfried: „Rosa Luxemburg. ‚Einführung in die Nationalökonomie'", in: Kinner, Klaus; Seidel, Helmut (Hg.): Rosa Luxemburg. Historische und aktuelle Dimensionen ihres theoretischen Werkes, Berlin [2]2009, 71–85.
Löwy, Michael: Rosa Luxemburg. Der zündende Funke der Revolution, übersetzt von Arno Münster, Hamburg 2020.
Luxemburg, Rosa: „Aufstand des Petersburger Proletariats (Januar 1905)", in: dies: Arbeiterrevolution 1905/06, hrsg. und übersetzt von Holger Politt, Berlin 2015, 54–59.
Luxemburg, Rosa: „Bewaffnete Revolution in Moskau (3. Januar 1906)", in: dies.: Arbeiterrevolution 1905/06, hrsg. und übersetzt von Holger Politt, Berlin 2015, 146–150.
Luxemburg, Rosa: „Blanquismus und Sozialdemokratie (27. Juni 1906)", in: dies.: Arbeiterrevolution 1905/06, hrsg. und übersetzt von Holger Politt, Berlin 2015, 214–219.
Luxemburg, Rosa: Briefe aus dem Gefängnis, Berlin [20]2019.
Luxemburg, Rosa: „Das Jahr der Revolution (28. Januar 1906)", in: dies.: Arbeiterrevolution 1905/06, hrsg. und übersetzt von Holger Politt, Berlin 2015, 181–187.
Luxemburg, Rosa: „Der Katastrophe entgegen" (1918), in: dies.: Frie-

densutopien und Hundepolitik. Schriften und Reden, Stuttgart ²2018, 70–74.
Luxemburg, Rosa: Die Akkumulation des Kapitals oder Was die Epigonen aus der Marxschen Theorie gemacht haben. Eine Antikritik von Rosa Luxemburg, Leipzig 1921.
Luxemburg, Rosa: Die industrielle Entwicklung Polens, Leipzig 1898.
Luxemburg, Rosa: „Die Krise der Sozialdemokratie" (1916), online unter: https://www.marxists.org/deutsch/archiv/luxemburg/1916/junius/ [28.12.2020].
Luxemburg, Rosa: Die Liebesbriefe, hrsg. von Jörn Schütrumpf, Berlin 2012.
Luxemburg, Rosa: „Ein Jahr der Revolution (27. Mai 1905)", in: Rosa Luxemburg: Arbeiterrevolution 1905/06, hrsg. und übersetzt von Holger Politt, Berlin 2015, 80–83.
Luxemburg, Rosa: „Frauenwahlrecht und Klassenkampf", in: dies.: Friedensutopien und Hundepolitik. Schriften und Reden, 2. Auflage, Stuttgart 2018, 36–44.
Luxemburg, Rosa: „Friedensutopien" (1911), in: dies: Friedensutopien und Hundepolitik. Schriften und Reden, 2. Auflage, Stuttgart 2018, 18–35.
Luxemburg, Rosa: „Organisationsfragen der russischen Sozialdemokratie", in: GW, Bd 1/2, 422–444.
Luxemburg, Rosa: „Sozialreform oder Revolution?" (1899), online unter: https://www.marxists.org/deutsch/archiv/luxemburg/1899/sozrefrev/ [28.12.2020].
Luxemburg, Rosa: „Stillstand und Fortschritt im Marxismus", in: dies.: Gesammelte Werke, Berlin 1970–, Bd. 1/2, 363–368.
Luxemburg, Rosa: „Tolstoi als sozialer Denker" (1908), in: dies: Friedensutopien und Hundepolitik. Schriften und Reden, Stuttgart ²2018, 7–17.
Luxemburg, Rosa: „Verteidigungsrede vor der Frankfurter Strafkam-

mer“ (1914), in: dies.: Friedensutopien und Hundepolitik. Schriften und Reden, Stuttgart ²2018, 45–59.
Luxemburg, Rosa: „Was weiter?“ in Dortmunder Arbeiterzeitung, 14. März 1910, online unter: https://www.marxists.org/deutsch/archiv/luxemburg/1910/03/weiter.htm [28.12.2020].
Luxemburg, Rosa: Was will der Spartakusbund? (1918), online unter: https://www.marxists.org/deutsch/archiv/luxemburg/1918/12/waswill.htm [28.12.2020].
Luxemburg, Rosa, „Wieder Masse und Führer“, in: GW, Bd. 3, 37–44.
Mattick, Paul: Rosa Luxemburg. Un examen retrospectivo, in: *Materiales* 3. Jahr, 1977, 84–105.
McLean, Edward B.: Rosa Luxemburg – Radical Socialist. A Reappraisal on the Occasion of Her Death in 1919, in: Il Politico 34. Jahr, 1. Heft, 1969, 28–45.
Nettl, John P.: Rosa Luxemburg, Bd. 1, London 1966.
Nettl, John Peter: Rosa Luxemburg. The Biography, London/New York 2019.
Parteivorstand der SPD: Protokoll über die Verhandlungen des Parteitages der Sozialdemokratischen Partei Deutschlands. Abgehalten zu Dresden vom 13. bis 20. September 1903, Berlin 1903, online unter: http://library.fes.de/parteitage/pdf/pt-jahr/pt-1903.pdf [28.12.2020].
Pelz, William A.: „Another Luxemburgism is Possible. Reflections on Rosa and the Radical Socialist Project“, online unter: http://www.internationale-rosa-luxemburg-gesellschaft.de/Downloads/16-Pelz.pdf [28.12.2020].
Pilawski, Krzysztof; Politt, Holger (Hg.): Rosa Luxemburg. Spurensuche – Dokumente und Zeugnisse einer jüdischen Familie, Hamburg 2020.
Piper, Ernst: Rosa Luxemburg. Ein Leben, München ²2019.
Politt, Holger: „Unter Blitz und Donner: Zusammenstoß zweier Zeit-

alter“, in: Luxemburg, Rosa: Arbeiterrevolution 1905/06, hrsg. und übersetzt von Holger Politt, Berlin 2015, 9–34.
Schulman, Jason: „Introduction. Reintroducing Red Rosa“, in: ders. (Hg.): Rosa Luxemburg. Her Life and Legacy, New York 2013, 1–10.
Schütrumpf, Jörn (Hg.): Diktatur statt Sozialismus. Die russische Revolution und die deutsche Linke 1917/18, Berlin 2017.
Schütrumpf, Jörn: „Zwischen Liebe und Zorn: Rosa Luxemburg“, in: Schütrumpf, Jörn (Hg.): Rosa Luxemburg oder: Der Preis der Freiheit, Berlin ³2018, 11–100.
Scott, Helen: „Introduction. Rosa Luxemburg“, in: dies. (Hg): The Essential Rosa Luxemburg: Reform or Revolution & The Mass Strike, Chicago, IL 2007, 1–36.
Weber, Max: Rußlands Übergang zum Scheinkonstitutionalismus, in: ders.: Zur Russischen Revolution von 1905. Schriften und Reden 1905–1912, Tübingen 1996, 105–328.
Wolfe, Bertram D.: „Rosa Luxemburg and V. I. Lenin: The Opposite Poles of Revolutionary Socialism“, in: *The Antioch Review* 21. Jahr no. 2. Heft, 1961, 209–226.

# Abbildungsnachweis

**Umschlag vorn** Unknown author, https://commons.wikimedia.org/wiki/File:Rosa_Luxemburg.jpg, „Rosa Luxemburg", als gemeinfrei gekennzeichnet, Details auf Wikimedia Commons: https://commons.wikimedia.org/wiki/Template:PD-old

S. 17 Duncker & Humblot, https://de.wikipedia.org/wiki/Datei:-Dissertation_Rosa_Luxemburg_1899.jpg, „Dissertation Rosa Luxemburg 1899"

S. 20 Unknown photographer around 1895–1900, https://commons.wikimedia.org/wiki/File:RLuxemburgCpWz.jpg, „RLuxemburgCpWz", als gemeinfrei gekennzeichnet, Details auf Wikimedia Commons: https://commons.wikimedia.org/wiki/Template:PD-old

S. 36 Unknown author, https://commons.wikimedia.org/wiki/File:Spdparteischule1907.jpg, „Spdparteischule1907", als gemeinfrei gekennzeichnet, Details auf Wikimedia Commons: https://commons.wikimedia.org/wiki/Template:PD-old

S. 37 Unknown author, https://commons.wikimedia.org/wiki/File:Rosa_Luxemburg-3.2.jpg, „Rosa Luxemburg-3.2", Ausschnitt von Frank Jacob, https://creativecommons.org/publicdomain/zero/1.0/legalcode

S. 40 Unknown author, https://commons.wikimedia.org/wiki/File:Zetkin_luxemburg1910.jpg, „Zetkin luxemburg1910", als gemeinfrei gekennzeichnet, Details auf Wikimedia Commons: https://commons.wikimedia.org/wiki/Template:PD-anon-70

S. 45 Bundesarchiv, Bild 183-14077-006 / Unknown author / CC-BY-SA, https://commons.wikimedia.org/wiki/File:Bundesarchiv_Bild_183-14077-006,_Rosa_Luxemburg.jpg, „Bundesarchiv Bild 183-14077-006, Rosa Luxemburg", https://creativecommons.org/licenses/by-sa/3.0/de/legalcode

**S. 54** https://de.wikipedia.org/wiki/Datei:Stele_luxemburg.jpg

## Über den Autor

**Frank Jacob**
geboren 1984 in Schmalkalden, Thüringen, ist Professor für Globalgeschichte des 19. und 20. Jahrhunderts an der Nord Universitet, Norwegen. Zu seinen Forschungsschwerpunkten zählen unter anderem die vergleichende Revolutionsgeschichte sowie die Geschichte des Anarchismus. Er ist Autor und Herausgeber von mehr als 70 Büchern.